Thönnes
Saarländischer Jakobsweg

Bibliographische Information der Deutschen Bibliothek:
Die Deutsche Bibliothek verzeichnet diese Publikation in der Deutschen Nationalbibliographie; detaillierte bibliographische Daten sind im Internet über
http://dnb.ddb.de abrufbar.

Umschlaggestaltung: Rudolf Wolff
Umschlagphoto: Walter Thönnes
Herstellung: WFB Verlagsgruppe Ltd.
Printed in Germany
www.wfb-verlag.de
Mail: info@wfb-verlag.de

ISBN 978–3-86672–105–0

Angelika und Walter Thönnes

Kristallisation auf dem Saarländischen Jakobsweg

Mit Photographien von Walter Thönnes

WFB Verlagsgruppe

START
JAKOBSWEG

Vorwort

Es gibt Zeiten, da kristallisieren sich Erkenntnisse in so eindrucksvoller Weise aus, dass es wie ein kleines Wunder anmutet.

Die dichte, ja übersättigte Lösung von Erfahrungen und Einsichten über die Jahre wird durch kleine Veränderungen zur Neuordnung aufgefordert. Verdichtung, Struktur, Klarheit entstehen. Dieses Prinzip der Natur findet auch in seelischen Prozessen immer wieder statt.

Orte und Begegnungen als Kristallisationspunkte ?

Welche Besonderheiten müssen sie haben?

Für uns selbst überraschend waren es nicht die fern gelegenen und viel gepriesenen, sondern Wege und Orte in unserer Heimat, wohl bekannt, aber bisher nicht sonderlich beachtet, Wege abseits des Lärms, Zeugen jahrhundertealter Geschichte und Begegnungen mit einfachen, engagierten, in sich ruhenden Menschen. Den Kristallisationsfaden dazu gab uns der saarländische Jakobsweg.

Wie wir ihn fanden?

Durch Zufall, wie so oft bei bedeutsamen Begebenheiten im Leben:

An Allerheiligen wollten wir von Homburg zu dem Grab meiner Großeltern in Zweibrücken und dabei den Alexanderturm besichtigen. Der Weg führte an Böckweiler vorbei und wir lasen das Schild „älteste Kirche im Saarland“. Unsere Neugier war groß genug, um auszusteigen und uns in den Bann dieser alten, formvollendeten kleinen Kirche ziehen zu lassen. Im Kircheninneren fand auch unser erstes „Pilgergespräch“ mit einem über 80-jährigen, geistig jung gebliebenen und doch von persönlichem Leid gezeichneten Mann statt. Er, früher selbst als Architekt am Bau einiger Kirchen beteiligt, erklärte uns etwas von der Steinbeschaffenheit dieser Bauwerke. Beim Hinausgehen nahmen wir eine Ansichtskarte mit und erblickten daneben einen Pilgerpass, den letzten! Mit diesem Pilgerpass begann dann unser kleines Abenteuer. Vor allem mein Mann war neugierig, diesen Weg zu erkunden und die Stempel der einzelnen Orte einzuholen, wie eine Aufgabe, die nun vor uns liegt.

Kann man dabei die Familie, Kinder, Großeltern, Patenkinder, Mitarbeiter einbinden?

Ja, denn unsere Begeisterung wollten wir teilen und kleine Einblicke in unsere Region und ihre Geschichte geben.

Ob und wenn, wie tief es den einzelnen berührt, hängt von seiner inneren Verfassung, seiner Offenheit, seinem Alter, seinen Erfahrungen ab:

Der Kristallisationszeitpunkt ist eben verschieden. Und trotz aller Unterschiede: Sich gemeinsam auf den Weg machen, stärkt die Gemeinschaft – bleibende Erlebnisse in der Begegnung mit der Geschichte unserer Region.

Welchen Wert wir unserer eigenen Landschaft mit den Zeugnissen alter Kultur und Glaubenstradition geben, wird auch unsere eigene Identität beeinflussen.

Kristallisationspunkt/Seelenorte symbolische Wege über die Vergangenheit in das Hier und Jetzt.

Ohne es zu wissen „pilgern" wir bereits seit mehr als 25 Jahren auf dem Jakobsweg, insbesondere im Bliesgau, und freuen uns, dank der Hinweise durch den saarländischen Pilgerweg, nun bewusster das Wesentliche zu sehen, was auf diesem Weg liegt:

Bereits unsere Hochzeit hätten wir gerne im Kloster Gräfinthal gefeiert, doch damals war es nicht möglich, da die Ruine noch verwaist war, so dass wir ganz in der Nähe von Hornbach einen schönen Trauungsgottesdienst hatten und später durch den wunderschönen Bliesgau bis Walsheim fuhren, wo neben Essen, Erzählen und Tanzen auch ein Spaziergang auf dem heutigen Jakobsweg durch die idyllische Landschaft nicht fehlen durfte.

Später wurden wir mit den Kindern mehrfach pro Jahr zu Fahrradpilgern, die zwischen Zweibrücken und Hornbach auf der alten Bahntrasse bis zum schönen Spielplatz strampelten, selten durch das Tal bis zur Eschweiler Mühle und einmal sogar bis zur Festung nach Bitche kamen.

Seit der Einweihung des Hotels „Kloster Hornbach" im Jahr 2000 tagen die saarländisch-pfälzischen Kardiologen auf meine Anregung hin wenigstens 1x jährlich in den sehr kunstverständig umgebauten Klostermauern und lassen sich auch von der meditativen und geistlichen Atmosphäre gerne inspirieren.

Zum 30. Geburtstag mei-

ner Frau veranstalteten wir mit Freunden und Verwandten eine Fahrradtour von Homburg durch den Kirkeler Wald mit Picknick unterhalb des Felsenpfades und fuhren über 7 Fichten zur Klosterruine Wörschweiler. Sicher 10x pro Jahr sind wir in der Zwischenzeit auch mit den jüngsten Kindern auf dieser Pilgerradtour.

Als Geheimtipp für Radfahrer können wir auch die Jakobs-Tour durch`s Alschbachtal bis Biesingen empfehlen, bei der wir die St. Anna-Kirche umrunden und neben der großartigen Landschaft auch viel Kraft und Ruhe tanken können.

Nach der aktiven Tenniszeit liegt nun meine sportliche Leidenschaft beim Laufen, so dass ich zur Zeit fast täglich am Fuß des Klosterberges entlang jogge und mich über die Rodungsarbeiten und die nächtliche Illumination der alten Mauern freue, die sowohl vom Bliestal-Radwanderweg, aber auch von der Autobahn A8 gut sichtbar als Bote aus dem Mittelalter grüßen. Eine 20 km Tour führt mich etwa 1x pro Monat unterhalb der Klosterkirche Blieskastel vorbei. Bislang nur 2x wurde die Strecke auf 42 km bis Gersheim erweitert, was ein Abtauchen für fast 4 Stunden im Biosphärenreservat und einem Teil des Jakobsweges bedeutet.

Nun wünschen wir uns allen viel Freude auf den einzelnen Etappen des Jakobsweges zwischen Hornbach und Metz, ob zu Fuß, mit dem Fahrrad, dem Auto oder lesend. Zuerst gilt es die Südroute über Saargemünd, später die Nordroute über Blieskastel, Saarbrücken und Forbach zu bereisen, die nützlichen Informationen zu registrieren und die besinnlich-meditativen Gedanken zu reflektieren, ganz besonders aber eine *Entschleunigung* zu erleben...

Kloster Hornbach

Die Stadt Hornbach liegt ganz nahe der französischen Grenze und im äußersten Südwesten der Pfalz. Im Jahre 737 gründete hier der iro-schottische Missionar Pirminus ein Benediktinerkloster. Es wurde zu einem der wichtigsten Wallfahrtsorte und ab 950 zum Stammkloster der Salier. Neben Bonifatius war Pirmin der größte Missionsbischof Deutschlands.

Teile der Klosteranlage aus dem 11. Jahrhundert wurden in das stilvolle Hotel Kloster Hornbach integriert. Das Historama, ein multimediales Museum, erklärt die Geschichte des Klosters und der Region, man erhält dort Pilgerpässe, Stempel, Bücher und ansprechende Erinnerungen. Die St. Fabian-Stiftskirche, eine romanische Kapelle aus dem 12. Jahrhundert, beherbergte ehemals die Gebeine des Märtyrerpapstes, der im Jahre 250 bei der Christenverfolgung verstorben war. In dieser Kapelle finden jetzt noch Zeremonien wie Trauungen statt.

Insgesamt ist dieser Ort eine gelungene Synthese zwischen Alt und Neu, zwischen restaurierten Klosterresten und anspruchsvoller Gastronomie. Schlichtheit, Eleganz wird gefüllt mit Spuren der Geschichte, und so entsteht ein Ort, an dem die Seele zur Ruhe kommen kann.

Unser erster gemeinsamer Pilgerabschnitt brachte uns mit dem Rad von Homburg nach Hornbach, bis auf den älteren Sohn mit allen Kindern. Der Weg führte durch Bubenhausen und Ixheim, am Schwarzbach und Hornbach entlang, Wege, die ich in meiner Jugend in Zweibrücken nie kennen gelernt hatte.

Wir kennen noch nicht einmal die Stadt, in der wir aufgewachsen sind, wirklich genug, nur die Wege, die wir immer nehmen, zur Schule, zu Freunden, zum Einkaufen. Ein bisschen Wehmut überkam mich da schon. Der Fahrradweg auf einer alten Bahntrasse führt am Wald-Feldrand entlang und gibt landschaftlich herrliche Ausblicke. Nach dieser ersten Anstrengung kehrten wir in der Klosterschänke ein, der Cappuccino und die Schokoladentorte bleiben in Erinnerung.

Studienkollegen unserer ältesten Tochter, die aus Rosenheim stammen, zeigten wir später diesen Ort, auch sie waren restlos begeistert.

Als hätten wir eine Ewigkeit Zeit
so verplanen wir unsere Tage.
Zeit ist Geld, ist eine Wahrheit
Zeit ist Leben, eine andere.
Wenn wir uns keine Zeit nehmen
zum Betrachten und Kennenlernen
zum Verweilen und Nachdenken
verlernen wir zu leben.

Wir verschieben alles auf morgen
auf's nächste Jahr, auf später,
als hätten wir eine Ewigkeit Zeit.

(A.Steinbarth)

Saarländische Südroute des Pilgerweges Altheim

Altheim, ein ländlicher Stadtteil von Blieskastel, hat uns sehr überrascht. Die Pfarrkirche St. Andreas besichtigen wir mit Frau Lambert, ihre Verbundenheit mit dem Pilgerweg ist gleich zu spüren. Mit bodenständiger Freundlichkeit, Geduld und Liebe zum Detail führt sie uns vorbei an der wohl schönsten Jakobus-Statue im Saarland durch den Kirchensaalbau, ebenfalls aus dem 18. Jahrhundert, hin zum frühgotischen Chorturm aus dem 13./14. Jahrhundert. Eine unausgesprochene Spannung liegt in der Luft und wir spüren sofort, dass sich uns hier etwas Besonderes zeigen wird: Für den Besucher wird es in diesen Mauern ein Geheimnis zu entdecken geben. Denkanstöße zu „Licht ist Leben", eine ästhetisch anmutende Steinordnung mit dem Namen „Peregrinatio – Leben in der Fremde", ein lichtdurchfluteter Raum, der den Blick auf die Landschaft freigibt und eine Poesie zu Seelenorten lässt uns staunen und innehalten.

Von außen betrachten wir im Mauerwerk der Sakristei ein Oculus dei, Auge Gottes, ein kleines rundes Fenster, welches zum Friedhof ausgerichtet, den Verstorbenen den Blick in die Kirche gewährt. Welch schöne Idee: Teilhabe der Verstorbenen am Gottesdienst. Auch auf ein Teufelchen im Mauerwerk werden wir hingewiesen. Der Teufel bleibt also draußen. Ein symmetrisch angeordneter Pirminius-Garten ist am Wachsen und symbolisiert das Kloster Hornbach und seine Ableger.

Es sind eben auch die Menschen, die einen Ort beleben, seinen Charme ausmachen und mit ihren Erzählungen die Geschichte lebendig halten. Ohne Frau Lambert und ohne Herrn Hirschmugel, der geduldig im Haus gegenüber der Kirche wartet und unseren Pass mit dem Stempel versieht, wäre dieser Ort für uns weniger eindrucksvoll. Wir teilten diese Erfahrung mit unserer Freundin, die den Weg bis nach Altheim tapfer durch Umwege und Matsch mitgegangen ist und als zugezogene Würzburgerin vollkommen überrascht war von unserem Erlebten in der Kirche. „Das Saarland hat was! .....“

Eine weitere bleibende Erinnerung wurde unser Betriebsausflug am 27. März 2012 mit dem Praxisteam, den wir ganz bewusst bei Frau Lambert in ihrem Landcafé mit einem herrlichen Frühstück begannen. In einem alten Bauernhaus wurde die Scheune umgebaut zu einem Platz voller Charme und Inspiration, alles ist durchdacht, die Produkte regional und vieles selbst hergestellt. Ein authentischer Ort, der geistige und körperliche Stärkung schenkt. In den Sommermonaten ist das Café sonntags ab 14.00 Uhr geöffnet (oder auf Anfrage: 06844-1223).

Peregrinatio – Leben in der Fremde

Sich der inneren Unruhe stellen,
die Sehnsucht spüren
nach wirklichem Leben
ohne Anpassung, Heuchelei und Höflichkeit.
Die Wahrheit ertragen
und dabei getragen werden.
Hinaus gehen und suchen,
hören und sehen.
Das Fremde willkommen heißen
und zurückkehren.
Die Last ablegen und
eine neue bereitwillig annehmen.

Böckweiler

Böckweiler ist ein zu Blieskastel gehörender beschaulicher Ort im Bliesgau, im Jahre 1149 erstmals urkundlich erwähnt und als Priorat des Benediktinerklosters in Hornbach gegründet. In der Dorfmitte bleibt der Blick an einer kleinen, aber durch Form und Zustand bestechenden Kirche hängen. Mit dieser Kirche begann unerwartet unser Pilgerweg.

Das Unerwartete erfasst uns
zur rechten Zeit,
am rechten Ort
und bringt zur Erfüllung, was lange schon darauf wartet.

Die evangelische Stephanuskirche, eine der weltweit wenigen Kirchen mit 3 Apsen (3-Konchen-Kirche) ist ein romanisches Kleinod und gilt als älteste Kirche im Saarland. Draußen plätschert der alte Lindenbrunnen, innen erfährt man Stille und Schlichtheit. In der angrenzenden Rasenfläche erkennt man Steinplatten, welche auf den Grundriss einer älteren Basilika hinweisen. Dieses konnte uns sehr anschaulich unser langjähriger Freund Pfarrer Gerhard Schanne mit Hilfe von Modellen beim Praxisausflug darstellen.

In diesen Orten scheint die Zeit auf wohltuende Weise still zu stehen. Keine Kaufhäuser, selten ein Auto, die Vorgärten zweckmäßig, eine Bank, Kinderspielzeug, Blumen. Diese Ruhe geht in uns über.

Ich denke an den demographischen Wandel, das Abwandern der jungen Familien und hoffe, dass diese Lebensräume erhalten bleiben.

Lebenszeit

Getrieben von Versäumnisangst
werden wir immer schneller.
Von allen Möglichkeiten möglichst viel mitbekommen
und gleichzeitig
fühlen wir uns hoffnungslos überfordert.
Innehalten –
Unsere innere Haltung zurückgewinnen.
Vertrauen finden –
in unsere persönliche Lebenszeit.
Gelungenes Leben entsteht gerade
in der Begrenzung.

HIER GEGENÜBER STAND DAS ELTERNHAUS
VON
DR. EDUARD RAUCH
PRÄSIDENT
DER POST- UND TELEGRAPHENVERWALTUNG
DES SAARLANDES VON 1951 BIS 1957 UND
PRÄSIDENT
DER OBERPOSTDIREKTION SAARBRÜCKEN
VON 1957 BIS 1965
GEB. AM 8.7.1900
IN NIEDERGAILBACH
GEST. AM 3.11.1985
IN SAARBRÜCKEN

Medelsheim

Der zu Gersheim gehörende Ort Medelsheim, im Jahre 888 erstmals urkundlich erwähnt, hat für den Besucher einiges zu bieten: Wandmalereien aus dem 14. Jahrhundert, eine Pirminius-Reliquie, ein buntes Wegkreuz mit Darstellung eines Jakob-Pilgers, einen Kreuzweg oberhalb des Dorfes mit zum Friedhof gehörender Kapelle und einer anmutigen Pieta (1554). Diesen Weg von der Pfarrkirche St. Martin hoch zur Kreuzkapelle an den Kreuzweg-Stationen entlang über die Höhe Richtung Walsheim muss man einfach erfahren haben...

Beim Gehen trifft der Blick neben der Weite einer ursprünglichen Landschaft immer wieder auf Spuren der Pilger: Steinpyramiden, Wegkreuze, In-

schriften wie „Wir sind nur Gast auf Erden und wandern ohne Ruh....“ und ansprechende moderne Ruheplätze, wie eine Wellenbank.

Wer suchet, der findet...

Die Suche nach dem Pilgerstempel lässt uns zunächst etwas ratlos in der Pfarrkirche St. Martin herumstehen. Mein Mann hatte diese Suche bereits beim ersten Mal erlebt und wollte es uns nicht zu leicht machen. Vor allem für Kinder ist das Suchen immer etwas Spannendes. Hinter dem Hochaltar, vorbei an einem steinernen Altarretabel von 1430 führt ein kleiner Durchbruch in einen atmosphärisch und kunstgeschichtlich völlig neuen Abschnitt: sanfte Erd- und Pastell-Töne, gedämpftes Licht, schwungvolle gotische Deckenbögen bringen uns ins 14. Jahrhundert. Be-

trachtend erkennen wir die Konturen aufwändiger Wandmalerei. Dieser ehemals als Sakristei genutzte Raum ist von außen nicht erkennbar, da vom Kirchenturm überbaut. In der Wand, wieder mit Blick auf den Friedhof, in der Sakramentsnische ein Oculus dei und davor die Pirminius-Reliquie. Das dunkelrote Glas leuchtet, zieht in seinen Bann. Liebe und Opfer fällt mir dazu ein...

Eine Tafelinschrift erklärt: „Hier steht auf römischem Mauerwerk der Chor der früheren gotischen Kirche.... die letzten Reste mittelalterlicher Kunst und Frömmigkeit sollten dabei der Nachwelt erhalten bleiben. Himmel und Erde werden vergehen, aber meine Worte werden nicht vergehen."

Und in diesem mystischen Raum steht ein schlichter Holztisch mit Pilgerstempel!

Den Weg zu dieser gotischen Vorgängerkirche fand mein Mann im Übrigen nur mit Hilfe von zwei hilfsbereiten Frauen, die gerade die Kirche reinigten. Alle drei suchten dann gemeinsam. Alleine hätte er sich wohl nicht hinter den Hochaltar getraut. Zusammen ist man mutiger!

Noch zwei weitere Erfahrungen gehören für uns zu Medelsheim: Sich an alte Freundschaften erinnern und wie schnell sich bei Kindern Widerstand in Begeisterung wandeln kann.

Auf dem Dorfplatz fiel meinem Mann eine Gedenktafel zu Ehren eines Herrn Dr. Eduard Rauch, Präsident der Oberpostdirektion des Saarlandes von 1957 bis 1965 auf. Es war der Vater einer guten Bekann-

ten aus Saarbrücken, den er sehr schätzte. Die Gedenktafel hielt mein Mann auf dem Foto fest und schickte es ihr mit einem Gruß von uns allen zu Weihnachten. Die Antwort ließ nicht lange auf sich warten, man traf sich bald bei uns zu Hause und knüpfte mühelos wieder an. Kleine Zeichen der Erinnerung und Verbundenheit setzen, es kostet wenig Mühe und bringt doch ganz viel Freude!

Der Ausflug nach Medelsheim, die Besichtigung der Kirche und die Wanderung auf dem Jakobsweg erschien für unsere 12-jährige Tochter keineswegs attraktiv.

„Wer macht denn schon so etwas am Wochenende mit seinen Eltern?“ Die Frage erschien berechtigt, aber auf längere Diskussionen wollte ich verzichten, später erklären, dass wir als Eltern eben diesen Eindruck mit unseren Kindern teilen möchten und überzeugt sind, dass wir ihnen auch damit etwas mit auf den Weg geben. Eine Erfahrung, wie man seine Lebenszeit auch gestalten kann, dass man dem üblichen nicht in Gänze folgen muss. Ich sagte nur „geht mit, wir freuen uns, dass ihr dabei seid“. Ruhe bewahren, weiter gehen, sich nicht gleich von mürrischen Blicken und demonstrativer Langsamkeit beirren lassen.... Es wirkte! Nach dem ersten Drittel des Weges löste sich der Unmut auf. Die Wege wurden gemeinsam erkundet, Äpfel gesammelt, Steine betrachtet, mit dem Hund gerannt, auf einer Bank (der Wellenbank) ausgeruht, Gespräche geführt.

Seinen Eindruck hielt unser Jüngster durch einen Eintrag im Besucherbuch der Kirche fest: „Ich fand es sehr schön, weil die Landschaft bewundernswert war und die Wellenbank war cool.“

Wir bedankten uns bei den Kindern, sie hatten uns eine Freude gemacht, indem sie dabei waren. Und die Pilgerstempel wurden gesammelt, jeder hat einen Pass, eine Belohnung wartet allemal.

Durch unsere Kinder wurde unser Leben unvergleichbar beschenkt. Ohne Frage heißt Elternschaft Anstrengung, Opferbereitschaft, Verantwortung. Aber auch Fülle des Lebens, tiefes Glück und Wachsen in der Liebe.

In allem liegt ein bisschen Segen

Hip Hop – Harfe – Maniküre
Und dazwischen
noch die Kirche?

In allem liegt ein
bisschen Segen
und in der Kinder Widerstände

wird unser eingefahr'nes Wesen
erweitert
durch der Jugend Land....

Walsheim

Walsheim ist ein idyllischer Ort im Bliesgau und bereits 888 urkundlich erstmals erwähnt. Die ältere Generation kennt ihn noch als das größte Bierbrauerdorf Europas bis zum 2. Weltkrieg. Doch auch die beiden Kirchen sind erwähnenswert:

Zuerst die evangelische als Beispiel für eine romanische Dorfkirche. Den ältesten Teil finden wir im Westturm als typischen Viereck-Turm, der sich nach oben hin verjüngt und die Hornbacher Tradition widerspiegelt. Der Chor stammt aus dem 15. Jahrhundert, das Langhaus aus dem 18. Jahrhundert. Ein besonderes Juwel stellt die Sakramentsnische mit einem Oculus dei dar. Wie Pfarrer Krebs erklärte, wurden die Toten aus allen Nachbargemeinden bis hinüber nach Rubenheim um diese Kirche herum in Schichtgräbern mit bis zu 10 Etagen übereinander bestattet. Bei starkem Regen können noch heute Knochen freigespült werden. An der Südwand befindet sich eine Taufnische mit direktem Weihwasserabfluss nach außen in die Natur, damit kein Missbrauch mit dem geweihten Wasser getrieben werden konnte. Unklar ist die Bedeutung der sehr schönen Nische an der Nordseite auf Altarhöhe, die heute durch eine Ikone und zwei Tongefäße dekorativ geschmückt ist.

Den Stempel bekommen wir im Vorraum der sonst leider stets verschlossenen Kirche. Auch das nebenan liegende Pfarrheim war bei drei Besuchen nicht offen. Daher versuchte ich es durch den Besuch des 9.00 Uhr-Gottesdienstes und kam schon 15 Minuten früher. Ich traf Herrn Neumüller, der mir erklärte: Man könne auf dem Weg von Gersheim am 4. Haus hinter dem Ortseingangsschild rechts halten und ihn um eine Besichtigung bitten.

Die katholische St. Pirminius Kirche, die wenig unterhalb der protestantischen liegt, wurde 1856 geweiht, 1944 zerstört und zwischen 1956 und 1958 wieder aufgebaut. Im Gegensatz zu dem ökumenischen Stempel aus der protestantischen Kirche mit der Sakramentsnische erhalten wir hier einen ebenfalls eindrucksvollen Stempel, welcher den heiligen Pirminius zeigt, wie wir ihn im Altarbild finden.

Im Gespräch mit Frau Nagel erfuhren wir etwas von der bewegten, jüngeren Geschichte dieser Kirche. Nach dem Konzil entschloss sich der neue Dorfpfarrer, den modernen Aufbruch in diese Gemeinde zu bringen. Das Alte sollte im Kirchenraum keinen Platz mehr finden; Hochaltar und alle Heiligenstatuen mussten kühler Modernität weichen. Aber dies ging an dem religiösen Empfinden der Menschen vorbei. Rückzug, Entfremdung begannen. Nach 10 Jahren

wurde der Pfarrer abgelöst und auf Grund von Baufälligkeit musste die Kirche für ein Jahr geschlossen werden. Dann aber begann sich in der Gemeinde wieder das Leben zu regen. Gelder wurden gesammelt, aus Kostenersparnis Malerarbeiten im Winter durchgeführt, alte Statuen und Bilder, so auch das Pirminius Bild aus Peppenkum wieder ausgestellt. Die Menschen hatten ihre eigene Kirche wieder beseelt.

Ohne Respekt vor dem Glaubensverständnis und dem Bedürfnis nach persönlicher Andacht und Frömmigkeit kann man eine ganze Gemeinde verlieren.

Mit Walsheim verbindet uns auch eine persönliche Erinnerung:

Im Sommer 1986 nach der kirchlichen Trauung im Großsteinhausen feierten wir hier im Walsheimer Hof. Die Hochzeitsfahrt mit unserem VW-Bus führte uns durch die liebliche Landschaft, die Wiesen mit Margariten besät, die Sonne schien....

Glaube, Hoffnung, Liebe

Der Weg, gemeinsam durch ein Leben
braucht Nähe, Freundschaft
und die Freiheit auch zugleich,
Entscheidungskraft und Hilfsbereitschaft,
Einsamkeit und Zärtlichkeit.

Denn Miteinander heißt nicht
immer nebeneinander im Gleichschritt geh´n.
Warten können, vorgeh´n, auch mal überholen,
Erfahrung teilen, das Glück
und auch den Schmerz

Den Übermut mit Vorsicht mildern,
sich gegenseitig motivieren, in der Schwäche Stütze sein.
All das macht einen guten Wegbegleiter aus –
Wegverkürzung oder Neustart bewahrt uns nicht davor,
dass jeder Schritt gelernt sein will.

Damals jung und unbesorgt sind wir gestartet
Voll des Glaubens – wer liebt, bewältigt jeden Weg.
Voll der Hoffnung – den weiteren Weg in Gottes Hand.
Voll der Liebe – älter nun an Jahren:
Zusammen wächst man über sich hinaus.

Bebelsheim

Um von Walsheim nach Bebelsheim zu gelangen, müssen wir zweimal die Höhen des Bliesgau überwinden und kommen vorbei an der 1975 erbauten St. Barbara-Kirche in Herbitzheim. Interessant ist die Kombination aus rundem Kirchenschiff und ovalem Seitenschiff und der modernen Dachkonstruktion, die von weitem als Wahrzeichen schon gut zu erkennen ist. Wenn wir weiter ansteigen, kommen wir in das ehemals von Tirolern besiedelte Gebiet um Rubenheim und können die St. Mauritius-Kirche bewundern, die im 9. Jahrhundert erstmals erwähnt wurde und mit ihrem frühgotischen Chor auch die Kommunionskinder erfreute, die sich an dem Mittwochnachmittag zum Unterricht dort trafen.

Die St. Margarethen-Kirche in Bebelsheim mit ihrem Rundturm aus dem 11.-12. Jahrhundert, der wohl ehemals Teil einer Burganlage war, ist die nächste Etappenstation des Pilgerwegs. Bislang zog sie uns viermal an. Beim ersten Mal kam ich im Dezember in der Dunkelheit um 18 Uhr mit dem Fahrrad an und konnte der Probe des Kirchenchors zuhören, der Adventslieder einstudierte. Der Pilgerstempel befindet sich frei zugänglich für jeden im Eingangsbereich der Kirche. Leider konnten wir auch später den alten Turm nicht besichtigen, waren aber von der Schönheit des Hauptaltars und der beiden Seitenaltäre sowie des Taufbeckens beeindruckt.

Sehr eindrucksvoll ist auch die Wanderung von hier hinauf zum Brudermanns-Feld, die wir in der Zwischenzeit schon zweimal mit unserer Hündin Lexa gemacht haben.

Im freien Lauf

Im freien Lauf und doch gebunden,
die Augen glänzend,
des Körpers Spannung kraftvoller Sprung
Rennen, Spielen, sanftes Gleiten
fast Fliegen schon.

Zart ist dein Wesen,
gezeichnet auch Du,
dankbar der Wandlung.
Verletzung in Heilung,
Einsamkeit in Zugehörigkeit

Du wunderbarer Wegbegleiter!
In freiem Lauf und doch gebunden.

Neben dem Kreuz aus dem Jahre 1685 haben dort Jakobspilger mehrere Muscheln abgelegt. Darüber hinaus befinden sich aber auch 2 Engel, ein Holzkreuz und eine blaue „Quietscheente“ mit Herz zu Füßen des Gekreuzigten und erinnern nur noch wenig an die Schandtat, die einst „wilde Gesellen“ der Original Pieta zufügten, als sie im Übermut auf das geschnitzte Bild der Schmerzensmutter mit ihrem toten Sohn auf ihrem Schoß mit Pfeilen schossen. Der in der ersten Hälfte des 13. Jahrhunderts hier lebende Eremit fand jedoch heraus, dass mit dem Blut und Wasser, welches aus den Einschüssen floss, Wunderheilungen möglich waren, so dass sich unter anderem auch die Gräfin Elisabeth von Blieskastel dieses „Wundermittel“ auf ihre Augen tropfte und gleich danach von ihrem Augenleiden geheilt war. Aus Dankbarkeit gründete sie das nur wenige Kilometer von hier entfernte Kloster Gräfinthal, zu dem ein schöner Pilgerweg hinab führt, der unter dem Motto „die 7 Schmerzen Mariens“ steht und auf Bundsandsteintafeln uns die einzelnen Stationen zeigt, beginnend mit Simeons Weissagung bis zur Grablegung Jesus. Im tief verschneiten Wald mit blauem Himmel und frostigen Temperaturen bis –10° C erreichten wir glücklich das Kloster, das bis zum 30-jährigen Krieg Heimat des Gnadenbildes war.

Wunder?

Wunder
Wandlung
Verletzung in Heilung
Unausgesprochenes in Sichtbares
Demütigung in Erhabenheit

Wunder
als Sinnbild
dass Wandlung
geschehen will

Gräfinthal

Das Kloster Gräfinthal wurde in der Mitte des 13. Jahrhunderts als Stiftung der Gräfin Elisabeth von Blieskastel gegründet und den Wilhelmitern übergeben, die das Gnadenbild als Wallfahrts- und Pilgerstätte beherbergten. Das Grabmal der Stifterin (gestorben 1273) befindet sich noch immer in der leider baufällig gewordenen Klosterkirche. Nach dem Ende des 18. Jahrhunderts nach Missernten der Orden aufgelöst wurde und nach Blieskastel übersiedelte, beleben seit 1993 die Benediktinermönche aus Vaals (Niederlande) den Ort wieder neu und versuchen z. Zt. die aufwendigen Restaurationsarbeiten voranzutreiben. In der neu erschaffenen Kapelle neben dem alten Taubenhaus und der Villa der Familie Sehn wird über dem Altar die spätmittelalterliche Marienfigur mit dem Jesuskind auf dem

Arm heute verehrt. Hier finden auch die täglichen Gottesdienste (10.30 Uhr) bei warmer Witterung und Pilgerandachten (am Nachmittag) statt.

Beim ersten Mal hatte ich mich bei Frater Petrus telefonisch angemeldet und einen Termin um 17.00 Uhr erhalten, so dass ich schon fast bei Nacht im November mit dem Fahrrad kommend am Wohnhaus der Mönche läutete. Der erste Eindruck war eher abweisend, so dass ich zuerst nur wenige Worte im Außenbereich zwischen Wohnhaus und der alten Klostermauer mit ihm wechseln konnte und eher mürrisch den Pilgerstempel erhielt. Zum Abschied gab er mir jedoch die Fragen mit auf den Weg: „Beten Sie auch unterwegs?“, was ich nicht nur den ganzen Rückweg, sondern auch für die weiteren Wochen der Pilgerreise nicht vergessen sollte!

Der zweite Besuch gestaltete sich an einem kalten Januarsonntag freundlicher. Wir kamen mit Kindern, Großeltern und Schwester um 10.30 Uhr zur heiligen Messe in die Klosterkapelle, wurden jedoch wegen der frostigen Temperaturen in die sich hinter dem Wohnhaus der Mönche im Innenhof befindende Hauskapelle geleitet. Frater Petrus, der Anfang 50 ist, erzählte uns nach dem Gottesdienst nun weitaus mehr aufgeschlossen das Schicksal des Priors, der im Sommer seinen 80. Geburtstag feiern konnte und wenig später nur durch ein Wunder einen Treppensturz und eine drohende Querschnittslähmung

überleben konnte, wobei die Neurochirurgen des Winterberg-Krankenhauses Saarbrücken den guten Ausgang als „Wunderheilung" beschrieben hätten. Über Monate pflegte Frater Petrus nun bei Tag und Nacht den Prior, der dann unseren Gottesdienst im Hintergrund erstmals wieder mitfeiern konnte. Sein Kollege zelebrierte die lateinische Messe und predigte an diesem Tag.

Jeden Tag feiern die Benediktinermönche in Gräfinthal um 10.30 Uhr die heilige Messe als lateinisch-deutsches Konventamt. Diese Gottesdienstform mit lateinischem Ritus erweckt bei manchen den Eindruck einer zu konservativen Haltung. Wir wollten im Gespräch nicht zu sehr in die Tiefe gehen und Grundsatzdiskussionen führen. Erlebt haben wir die Messe als andachtsvoll, klar, intensiv.

Pater noster, qui es in caelis:
sanctificetur nomen tuum.
Adveniat regnum tuum.
Fiat voluntas tua, sicut in caelo, et in terra.
Panem nostrum cotidianum da nobis hodie.
Et dimitte nobis debita nostra,
sicut et nos dimittimus debitoribus nostris.
Et ne nos inducas in temptationem,
sed libera nos a malo.
Quia tuum est regnum et potestas et gloria
in saecula. *Amen.*

Mach Dir ein eigenes Bild

Zu laut die Stimmen,
die bewerten ohne
etwas wirklich zu kennen.

Hinterfrage den Zeitgeist,
achte nicht auf den
äußeren Ruf, weder den
guten noch den schlechten.

Du bist gefragt
mit deinem eigenen Blick,
kritisch und
wohlwollend zugleich.

Nach dem Gottesdienst kehrten wir im Gräfinthaler Hof ein, wo wir unser Essen schon vorbestellt hatten, um auch bald wieder unseren Weg zum Hartungshof aufnehmen zu können. Die Atmosphäre, das Essen und die Zuvorkommenheit des Personals verdienen einfach ein großes Lob!

Die Abfolge Gottesdienstbesuch, gemeinsames Essen, Wandern ist für uns die ideale Kombination für einen Sonntag. Wohltuend für Körper und Seele, man schöpft in jeder Hinsicht Kraft.

Besinnungszeiten, vertraute Rituale und die Hinwendung zu einer „höheren Wirklichkeit" finden wir weltweit in allen Religionen. Unsere Tradition ist eben die christliche Tradition und der Gottesdienst eine Form der Glaubenspraxis.

„Es ist doch merkwürdig, dass die Menschen im Westen so nach dem Buddhismus schielen. Warum gucken sie nicht in ihre eigenen Tradition, was es da gibt?"
Dalai Lahma

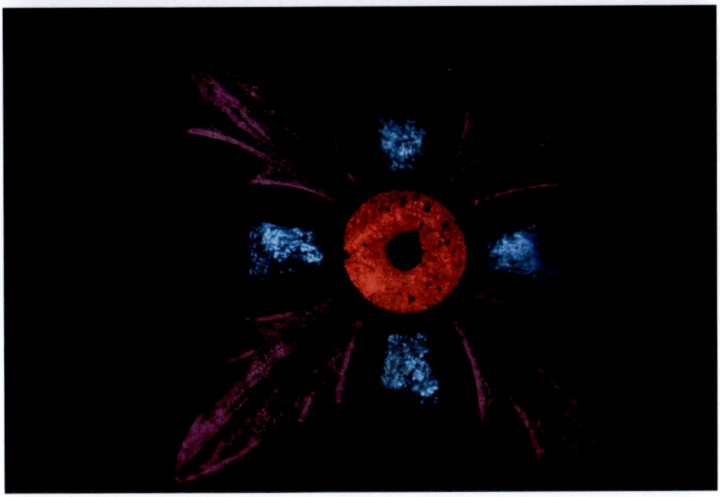

Während der französischen Revolution wurde das Kloster beschlagnahmt und der gesamte Kircheninventar als „Brennholz“ versteigert. Die Nachbargemeinde (heute Bliesmengen-Bolchen) erwarb Teile des Hochaltars, welcher lange Zeit in der Dorfkirche (heutige Friedhofskirche; ehemals St. Petrus in Ketten) und nun in der 1965 geweihten Kirche St. Markus zu bewundern ist. Er stammt von dem elsässischen Künstler Johann Mardersteck und wurde zwischen 1733 und 1736 geschaffen. Hier ist auch ein Bild des heiligen Rochus an der Rückwand der Kirche ausgestellt.

Der Großteil der Gräfinthaler Kapelle wurde jedoch von Bauern aus Reinheim im südlichen Bliestal an der Grenze zu Frankreich (heute europäischer Kulturpark Bliesbruck-Reinheim) für 2 Louis d´or ersteigert und für die neu gebaute St. Markuskirche verwendet. Dort sind immer noch sehr gut erhalten die Samsonkanzel, die Holzvertäfelung des Altarraums und zwei wundervoll verarbeitete Beichtstühle. Angebaut wurde diese Kirchen an einen aus dem 12. Jahrhundert stammenden Rundturm, der heute als Taufkapelle dient und in dem sich ein wunderschönes Oculus dei in einer Sakramentsnische befindet. Ein Umweg am besten von Walsheim über Gersheim kommend ist sehr empfehlenswert und könnte über den Grenzlandhof den Jakobsweg in Bebelsheim wieder erreichen.

Von Gräfinthal über Bliesmengen-Bolchen lohnt auch ein Abstecher nach Habkirchen.

Die St. Martinskirche ist ein besonderes Juwel mit ihrem aus dem 12. Jahrhundert stammenden Chorturm, in dem sich heute noch eine kleine Kapelle mit wunderschön gestalteter Sakramentsnische und blumenartig leuchtendem Oculus dei befindet. Am Hochaltar ist eine Statur des heiligen Rochus zu erkennen und weist auf die enge Beziehung zum Jakobsweg hin. Ein weiterer, besuchenswerter Schatz der Gemeinde ist die Anna-Kapelle. Sie wurde 1239 erstmals urkundlich erwähnt und sollte beim Vorbeispazieren wenigstens kurz

auch von Innen angesehen werden. Als ich auf dem Weg über die europäische Friedensbrücke nach Frauenberg war, sprach ein Mann vor der ehemaligen Grenzstation mich an und zeigte mir das interessante Zollmuseum, das einzige im Südwesten Deutschlands. Ehemals war er als Französischlehrer an der Unterrichtung der deutschen Zöllner und maßgeblich auch an der Aussöhnung mit den Nachbarn beteiligt.

Möglicherweise zogen im Mittelalter die von Gräfinthal kommenden Jakobspilger über die zwischen dem heutigen Habkirchen und dem französischen Frauenberg gelegene Bliesbrücke weiter in das benachbarte Saargemünd. Auch jenseits der Grenze finden wir Symbole des Jakobskultes.

Die katholische Dorfkirche ist St. Jacques gewidmet und wir treffen dort neben einer Pieta aus dem 14. Jahrhundert auch eine Jakobusskulptur aus dem 19. Jahrhundert. Darüber hinaus sind die Ruinen der Burg aus dem 14. Jahrhundert zu sehen, jedoch wegen Baufälligkeit nicht zu besichtigen.

Zu einem zweiten Gottesdienst fand ich mich am 15.3.2012 morgens nochmals in der Hauskapelle in Gräfinthal ein und sah den Prior schon wieder aktiver am Gottesdienst teilnehmen und leise mitbeten. Auch in einem persönlichen Gespräch mit beiden Patres konnte ich mich über die gute Genesung freuen. Von Frater Petrus erhielt ich schon eine Woche zuvor die Baupläne für die gewünschte Erweiterung und Wiedervollendung der Klostergebäude. Dieses Mal gab er mir eine Festschrift zum 70. Geburtstag von Prior Dom Nicolaas de Wolf, an dem vor 10 Jahren die feierliche Grundsteinweihe zum Klosterneubau bereits stattfand unter Anwesenheit des Äbte von Clervaux (Luxemburg), Vaals (Niederlande) und des Superior Major aus Wisques in Frankreich, sowie Vertreter der Diözese Speyer und Trier. Leider ist wohl auch durch ungeschicktes politisches Taktieren und unklare Feindseligkeiten lokaler Bevölkerungsgruppen dieses ins Stocken geraten. Die heute baufällige Kapelle stammt aus dem Jahr 1803. Damals hatte der Saargemünder Bür-

germeister Jean-Baptist Mathieu im Chor der Vorgängerruine diese errichten lassen, in der er auch 1842 neben der ältesten Tochter (Anna) des vertrieben Königs von Polen und späteren Herzogs von Lothringen Stanislaus Lesczynski bestattet wurde. Die vom Denkmalschutz vor einigen Jahren vorgenommenen Ausschachtungsarbeiten sind abgeschlossen, doch der Fußboden ist immer noch nicht wiederhergestellt. Ich konnte an diesem Tag die zwar immer noch harmonisch und schön wirkende Kapelle besichtigen, war jedoch schockiert über den Zustand des Gotteshauses. Auch die Statue der Gründerin Elisabeth Gräfin von Blieskastel, auf ihrer ehemaligen letzten Ruhestätte, befindet sich in einem dringend restaurationsbedürftigen Zustand. Hier sollten wertvolle kulturgeschichtliche Güter nicht wegen vordergründiger Interessenskonflikte dem Verfall preisgegeben werden.

P.S.: Restaurierung durch 400.000 € aus dem Kulturinvestitionsprogramm ist gesichert (Meldung vom 30. Mai 2012).

Hartungshof

Der Hartungshof besteht seit 200 Jahren und liegt am Jakobsweg. Er bietet neben Quartier für Reiter und Pferd (nach Anmeldung) in seinem Hofladen Produkte vom Bauernhof. Es werden auch Pilgerproviantpakete gepackt. Leider gibt es keine festen Öffnungszeiten, so dass mit der Familie Kessler das Kommen telefonisch (06805-22624) vereinbart werden muss. Beim ersten Besuch konnte ich vor der Tür zum Hofladen im Efeu neben einer Tonkatze den Stempel im verabredeten Versteck finden. Beim zweiten Besuch mit der Familie wollten wir wie telefonisch verabredet, den Stempel an der bekannten Stelle abholen, doch leider war er nicht zu finden. Wir wurden telefonisch zum Wohnhaus der Familie Kessler verwiesen, dort erhielten wir den Stempel.

Familie

Familie
Kunststück oder Pflicht?
Eigenständigkeit in der Gemeinschaft,
Toleranz oder Konfliktfeld?
Verbundenheit in der Verschiedenheit,
Zeugen unserer Geschichte,
Meilensteine unseres Lebenswegs.
Freiheit schenken,
Interesse zeigen
macht die Pflicht zur Kür!

Der Weg zum Hartungshof führte über einen beachtlichen Anstieg auf einer asphaltierten Wegstrecke mit herrlichem Ausblick bis nach Frankreich. Wir liefen in kleinen Gruppen, das gab Raum für Gespräche. Gespräche, die gut tun, Gespräche, die man in einer Familie braucht. Aber auch mal Schweigen und die Natur betrachten ist ein Erlebnis.

Hinter dem Hartungshof führt der Jakobsweg erneut hinauf auf die Höhen des Bliesgau vorbei an dem Grab eines von Wilddieben ermordeten Försters bis zur Höhe, dem Vogesenblick. An schönen Tagen kann man von hier bis zum Donon (dem Ursprung der Saar) sehen. An diesem Abend liegt das Bliestal im rot glühenden Sonnenuntergang vor uns und auch der anschließende Höhenweg (Dragonerweg), der uns bis kurz vor den Wintringer Hof führt, bietet nach allen Seiten hin tiefe landschaftliche Eindrücke einer von Landwirtschaft geprägten Region.

Wintringer Kapelle

Erstmals wurde zu Beginn des 14. Jahrhunderts im Güterverzeichnis des Kloster Wadgassen als Priorat der Prämonstratenser-Abtei die Wintringer Kapelle erwähnt. Eine schwere Plünderung fand 1525 in den Bauernkriegen statt. Seit 1666 nach dem 30-jährigen Krieg standen Hofgut und Kapelle leer. Aufzeichnungen aus dem Jahr 1819 berichten von einer Nutzung der Kapelle als Schafstall. Der Baron D'Huart aus Metz investierte 1841, so dass die Kapelle erneut gottesdiensttauglich eingerichtet werden konnte. Zwischen 1959 und 2003 fanden nun mehrere Sanierungsphasen statt mit dem Konzept, die Kapelle einer kulturellen Nutzung zuzuführen und möglichst wenig Eingriffe an der erhaltenen Bausubstanz vorzunehmen. Noch erhalten ist insbesondere der spätgotische Chor aus der 2. Hälfte des 15. Jahrhunderts. Darin finden sich eine Sakramentsnische mit Oculus dei sowie ein Wandrelief aus Kalkstein (1570), auf dem sich eine Jakobsmuschel erkennen lässt. Sehr schön sind auch an der Südwand der Apsis ein noch gut erhaltener Wandschrein sowie 2 Figurenkonsolen aus dem 15. Jahrhundert zu erkennen. Besondere Erwähnung verdienen auch die Wasserschlagfiguren, die außen auf den sieben Strebepfeilen sitzen. Zur ursprünglichen Ausstattung der Kapelle gehörte auch eine aus Lindenholz gefertigte Madonnenfigur, die um 1480 entstand und eine der wenigen erhaltenen spätgotischen Holzskulpturen aus unserer Region darstellt. Sie befindet sich heute in der alten Sammlung des Saarlandmuseums. In der Kapelle können wir nur die Gips-Kopie sehen.

Ihre Nachbildung, aber auch Jakobus-Figuren, Muscheln und Literaturmaterial sind heute im zum Hofgut gehörenden Bioladen zu erwerben. Dort kann auch der Schlüssel zur Kapelle ausgeliehen werden, die nur am 1. Samstag im Monat zwischen 9:00 und 11:00 Uhr geöffnet ist. An der Kasse erhalten wir auch den Stempel für unseren Pilgerpass. Ausführliches Schriftmaterial zum Jakobsweg und der Wintringer Kapelle liegt auf einem Ausstellungstisch in der Kapelle aus. Hier fand ich zum ersten Mal das vom Stadtverband Saarbrücken in Zusammenarbeit mit dem Saarpfalzkreis und dem Saarland herausgegebene Buch „Im Zeichen der Muschel“. Es ist sicher für die Jakobspilger zwischen Hornbach und Metz das kompakteste Werk, was neben kurzen Texten zu den einzelnen Orten und Pilgergedanken aus dem Alltag zahlreiche Fotografien und Kollagen präsentiert und für uns den besten Weg-Planer und -Begleiter darstellte.

Seit 2004 finden regelmäßig am Kulturort Wintringer Kapelle inspirierende Ausstellungen statt. In dem Stundenbuch von Peter-Michael Lupp werden diese Begegnungen mit bisher mehr als 50 Künstlern ansprechend dargestellt. Die aktuelle Ausstellung beschäftigt sich mit den „Grenzen des Wachstums“ und zeigt einen überdimensionalen Ährenhalm, der bis zur Decke reicht. Die dazu gehörige Frucht mit Hülle liegt auf dem Boden der Kapelle als eindrucksvolles Symbol für nachhaltiges Haushalten.

Der Wintringer Hof wird heute von der Lebenshilfe Obere Saar für die Menschen mit Behinderungen e.V. als Bioland-Hof bewirtschaftet. Kulturort – Integrationsort – Ökologie und Nachhaltigkeit, alles vereint an einem Ort!

Bereits im Studium hatte mich die Thematik der Behinderung besonders interessiert und bewegt: Hier wird durch eine angeborene oder erworbene Schädigung der gesamte weitere Lebensweg des Menschen verändert, meist auch seiner ganzen Familie. Neben der medizinischen Versorgung kommt es hier ganz entscheidend darauf an, wie der Mensch selbst und wie die Umwelt auf diese Beeinträchtigung einwirken.

Eine meiner ersten Famulaturen absolvierte ich daher im sozialpädiatrischen Zentrum bei Herrn Prof. Hellbrügge in München, ein Pionier auf diesem Gebiet, ein prägendes ärztliches Vorbild, auch in seiner christlichen Haltung ...

Mir wurde dort eine Promotionsarbeit angeboten, aber dann lernte ich meinen Mann kennen. Ich bin froh, im Saarland geblieben zu sein...

Weiterhin hielt ich im Studium Ausschau nach

ähnlichen Ansätzen und meldete mich zu einem Kurs im christlichen Jugenddorf (CJD Homburg) bei Herrn Dr. Derbolowsky, dem damaligen Leiter der Einrichtung an. Später übernahm ich selbst die Leitung des ärztlichen Dienstes. Diese Arbeit hat mich geprägt. In ihr konnte ich junge Menschen mit unterschiedlichen Behinderungen begleiten, diese Begegnung war und ist mir immer noch eine immense Bereicherung. An diesen Schicksalen, Lebenswegen teilzuhaben heißt Gewinnen an Demut, Respekt, Erstaunen, Toleranz, Sensibilität und Dankbarkeit. Viele dieser Menschen sind mir ans Herz gewachsen; ich habe ihnen viel zu verdanken. Ihre Lebensleistung, gemessen an ihren Voraussetzungen und Ausgangsbedingungen, ist oft imponierender als die von Menschen, denen vieles in den Schoß fällt. Aber leider vergleichen wir oft den äußerlichen Erfolg und sehen zu wenig den inneren Menschen, seinen Entwicklungsprozess.

Dieses Schubladendenken aufzugeben und einem offeneren Denken und Fühlen Raum zu geben, welches standhält den Widrigkeiten des Lebens, dazu verhilft uns in der Tat die Kunst. Kunst erweitert unsere Wahrnehmung, bringt Vorurteile ins Wanken und verschärft unseren Blick. Diese Prozesse des Erkennens finden meist in der Stille statt, abseits des Lärms, in der Betrachtung des scheinbar Unscheinbaren. So ist in der Tat die Wintringer Kapelle ein überzeigender Ort für Kultur – Integration – Ökologie.

Wir brauchen einander
in unserer Verschiedenheit.
Gleichförmig strahlende Egoisten,
da kommen wir
nicht weit.

Sei willkommen,
bring dich ein
klingend, schreibend, malend, formend.
Du kannst uns Bruder
oder Schwester sein.

Im Mitgefühl wächst Menschlichkeit
und in der Menschlichkeit
der Friede.
Das ist die Welt, die mir gefällt
kein Unten, Oben, sondern Liebe.

Landschaftlich herrlich führt uns der Höhenweg nun vom Bliesgau in das Saartal über Auersmacher und Hannweiler-Rilchingen bis nach Saargemünd. Von der Höhe können wir erkennen, dass nur noch 5 km bis zur französischen Grenze, aber 1400 km bis Santiago de Compostella zu bewältigen sind. Kinder der benachbarten Schule haben hier in den Bäumen Mobile aufgehängt mit den Symbolen des Jakobswegs, des Sternenweges und der Freude, einer Freude, die beim Abstieg in das Dorf Auersmacher sich von Schritt zu Schritt verstärkt.

Altes Bauernhaus Auersmacher

Direkt gegenüber der St. Barbara-Kirche liegt in der gleichnamigen Straße eines der ältesten Bauernhäuser des Ortes (aus dem 18. Jahrhundert), das heute zum Heimatmuseum ausgebaut ist. Herr Paschwitz (Handynummer: 0170 / 470 88 29) ist einer der ehrenamtlichen Betreuer dieses Projektes und führte uns sicher 45 Min. durch alle Räume vom „Partykeller", wo auch schon standesamtliche Hochzeiten stattfanden, bis zur Pilgerherberge mit für größere Gruppen ausgebautem Dachboden. In der Zwischenetage können aber auch in individuellen Zimmern ein Paar im Ehebett der ehemaligen „Bauersleute" oder die Kinder in kleinen Mehrbettzimmern nächtigen. Zuvor sollte man nicht vergessen, das Pilgermahl hier einzunehmen, was aus einem ausgehöhlten Laib Brot besteht, in dem die Suppe und eine Wurst serviert werden. Falls der überaus freundliche und hilfsbereite Herr Paschwitz nicht zu erreichen ist, kann der Pilgerstempel auch 3 Häuser bergabwärts bei der Familie Lang (Beerdigungsinstitut) erworben werden. Wer noch etwas Zeit hat, sollte am Dorfplatz vorbei bummeln mit dem alten Backhaus und dem Ruppertshof, einem Gasthaus mit großem Saal, in dem alle 5 Jahre Passionsspiele stattfinden, die wir schon zweimal erleben konnten.

Das alte Bauernhaus in der St. Barbara-Straße in Auersmacher erzählt die Geschichte der Heimat und bietet seit einigen Jahren Pilgern Stärkung und Übernachtungsmöglichkeiten an. Dies wird ermöglicht durch den Förderkreis Heimatmuseum und Dorfgeschichte-Verein, dessen langjährigen Vorsitzenden Herrn Manfred Paschwitz wir an einem kühlen, regnerischen Sonntagvormittag kennen lernen durften. Trotz des unfreundlichen Wetters und der nicht gerade familienfreundlichen Zeit führte er

uns mit Elan und Begeisterung durch das Bauernhaus. Wie ein Kristallisationspunkt hat wohl dieses Haus die Auersmacher zu einer besonderen, ja einmaligen Leistung zusammengeführt. In den Schilderungen höre ich eine offene Dorfgemeinschaft und ein großes Wir-Gefühl heraus: Eine Gemeinschaft kann eben nicht nur durch bezahlte Leistungen und Gegenleistung bestehen, sie braucht Menschen, die für Menschen und eine gemeinsame Sache da sind. So wie Herr Paschwitz, der mitten im Berufsleben vor fast 30 Jahren den Vereinsvorsitz übernahm und sich seither ehrenamtlich engagiert. Er wirkt jung, dynamisch, interessiert, eine Haltung, die Ehrenamtliche oft auszeichnet.

Mir kommt eine Aussage von Herrn Prof. Manfred Spitzer, einem führenden Neurowissenschaftler in den Sinn: „Ehrenamtliche leben länger."

Sich für eine gute Sache engagieren ist sinnstiftend und wirkt sich positiv auf Körper und Seele aus. Das Bibelwort „Geben ist seliger denn Nehmen" scheint also auch neurowissenschaftlichen Untersuchungen Stand zu halten.

Ein kleiner Umweg führt zum Ortsteil Kuchlingen, in dem die kleine Kuchlinger Kapelle aus dem Jahr 1797 mit Wegkreuz aus dem Jahr 1791 an der Hauptstraße liegt.

HANNWEILER-RILCHINGEN

Die Gemeinde wurde urkundlich erstmals im Jahre 1246 erwähnt in Zusammenhang mit der Nachbargemeinde (jenseits der Saar) Wölferdingen (heute Welferding). Zwischen den beiden Gemeinden befand sich eine mittelalterliche Furt, so dass Händler mit Karren, aber auch Jakobspilger über eine Fähre das andere Ufer der Saar erreichen konnten. Die letzte Station vor der Grenzüberschreitung nach Frankreich war für uns das Altersheim der „Barmherzigen Brüder“ in Rilchingen. Dieses liegt sehr idyllisch im großen Park, in dem sich auch als Reste der ehemaligen Saline (18. Jahrhundert) zwei der drei Quelltürme (Viktoria- und Augusta-) befinden, die zum Teil noch heute das Saarland mit Mineralwasser versorgen (Mariannenquelle).

Wer nicht mehr das Leben alleine meistern kann, findet Aufnahme in einem der beiden Häuser der „Barmherzigen Brüder“. Im Haus St. Hedwig werden 30 Demenzkranke in Wohngruppen betreut. Im Haus St. Vinzenz stehen 130 Plätze zur vollstationären Pflege zur Verfügung. Auch eine Kurzzeitpflege-Maßnahme ist hier möglich.

Für Pilger stehen 20 Betten auf Anfrage bereit. Das vorzügliche Essen wird gemeinsam mit den Heimbewohnern eingenommen. Wir hatten uns angemeldet zum Sonntagmittag-Essen mit unserer Familie und einer gute Freundin aus dem Nachbarort.

Wir kennen uns seit mehr als 30 Jahren, als sie damals in der Kinder- und Jugendpsychiatrie war und ich von ihrer Leidensgeschichte als Student erfuhr. Seither treffen wir uns 1-2x pro Jahr und telefonieren regelmäßig, insbesondere in Krisenzeiten. Vor mehr als 22 Jahren wurde ich zum Paten ihres ältesten Sohnes Matthias. Er hat mittlerweile seine Berufsausbildung zum Koch hier in Rilchingen absolviert und gehört nun fest zum Küchenteam der Barmherzigen Brüder, die auch den rollenden Mittagstisch ins südliche Saarland bis weit über Saarbrücken hinaus bringen.

Am 1. Dezember-Sonntag 2011 wurden wir nun mit acht Personen vom Küchenchef selbst verwöhnt. Qualitativ und atmosphärisch steht es einem guten Restaurant nicht nach.

So gut gesättigt fehlte uns an diesem Nachmittag der Schwung, die Wanderung über Saargemünd zum Herapel fortzusetzen.

Den Pilgerstempel erhielten wir an der Rezeption des St. Vinzenzhauses, wo wir auch von den Bewohnern selbst geschnitzte Jakobswanderstäbe, Laubsägearbeiten zum Jakobsweg, aber auch Wegweiser, Postkarten und Bücher erwerben konnten. In der Eingangshalle ist die Marienstatue mit dem Jesuskind auf dem Arm, die Heilige Schrift auslegend, verblüffend schön für einen nicht klerikalen Raum.

Besondere Freude hat uns bereitet zu spüren, wie sehr sich Matthias über unseren Besuch gefreut hat.

Der Pilgerweg hatte uns also in ein Altenheim geführt und uns dabei nicht nur den Blick auf die alten Menschen gewährt, deren freudig erstaunten Ausdruck ich nie vergessen werde, sondern auch gleichzeitig auf die Leistung der Menschen, die sich um sie kümmern. Matthias als Koch trägt einen Teil dazu bei, gleichzeitig hat er hier eine Aufgabe gefunden, die ihm Freude macht, Anerkennung schenkt und der Familie hilft, wirtschaftlich auf besseren Beinen zu stehen. Aber nicht immer verläuft die Betreuung alter Menschen für beide Seiten so befriedigend, wie es hier mein Eindruck ist. Seelischen und körperlichen Kräfteverschleiß in der Pflege sehe ich auch beruflich immer wieder. Dabei trifft es vor allem die engagierten Kräfte, welche das Wohl der alten Menschen im Blick haben. Zu wenig Zeit für den persönlichen Kontakt, fehlende Freiheit für eine individuelle Beziehungsgestaltung, stattdessen Dokumentation und Arbeit mit der Uhr. Das wird keinem gerecht. Dann kann der alte Mensch in seiner Würde nicht mehr erlebt werden. Hinter jedem von ihnen steckt eine ganze Lebensgeschichte voller glücklicher Erfahrungen, mutiger Schritte, erfolgreicher Unternehmungen aber auch enttäuschter Hoffnungen, Leid und Schmerz.

Wir sollten über jedes Pflegebett eines alten Menschen ein großes Bild hängen, welches uns diesen Menschen in seinem besten Lebensabschnitt zeigt mit kleinen biographischen Besonderheiten, wie Beruf, Kinder, Hobbys, besondere Erlebnisse – wir würden staunen!

Deine Geschichte

Haut und Haare haben
Glanz und Farbenkraft verloren.
Dein Blick schaut müde,
suchend nach dem Irgendwo.
Lang und mühsam ist der Weg
zu deinen eignen Worten nun geworden
und keiner wartet mehr
bis Du sie zaghaft wieder findest.
Die Kraft, so viele Jahre unbeschränkt
lässt heute kaum noch Schritte zu.
Wer weiß schon oder will es ahnen,
dass Du an Schönheit, Energie
und Lebenskunst
vielen derer, die Dich jetzt belächeln,
überlegen warst...

SARREGUEMINES

Diese Grenzstadt ist für uns Saarländer noch ein Teil „unserer Welt“, auch wenn der Deutsche von jenseits des Rheins schon gleich am „Tor nach Frankreich“ den typischen französischen Flair der Stadt ausmachen kann. Die St. Nicolas-Kirche (Schutzpatron Lothringens) aus dem 18. Jahrhundert im Stadtzentrum ist einen Besuch wert. Ebenso wichtig sollte auch ein Abstecher zum Keramikmuseum (Musée de la Faience) mit seinem großartigen Wintergarten sein, der erinnert, wie viel damals die Direktoren doch zu ihrem eigenen „Plaisir“ abzweigen konnten. Auf der anderen Saarseite finden wir ganz pittoresk den Jachthafen und das dahinter liegenden Casino mit schönen Wandmosaiken und Vertäfelungen. Wieder zurück auf der Südseite der Saar sehen wir das Office de Tourisme gut ausgeschildert; hier gibt uns Mr. Frédéric den Pilgerstempel in den Pass. Zum Bewundern, aber auch zu erstaunlich günstigen Preisen erhältlich, sind hier die Kunstgegenstände (insbesondere Glas- und Keramik-Kunstarbeiten), für welche die Stadt bis weit über die Grenzen hinaus bekannt ist. Da es die Zeit des Weihnachtsmarktes war, konnte ich zahlreiche außergewöhnliche Geschenke für die Familie hier und auch in der Stadt erstehen, bevor ich wieder zurück zum Jakobsweg, in den Vorort Welferding, vorbei am „Vielle-Tour“ (Rundturm aus der Stadtmauer) mit dem Rad fuhr.

Erst nach der Weihnachtszeit gingen wir alle zusammen nochmals zu diesen Punkten in Sarreguemines. Unsere Kinder sind immer wieder beeindruckt, wie schnell man in Frankreich, in dieser doch anderen Welt ist. Sprachkompetenz hin oder her, nicht jeder ist dieser wunderschönen Sprache ausreichend mächtig, diese Grenzerfahrung berührt, beeinflusst, prägt.

METZ
GR®5G

Unsere Adventskalender enthielten in diesem Jahr farbenfrohe Geschenke aus Keramik, einen kleinen Hund, einen Kettenanhänger, eine Tischuhr. Diese liebevollen Gesten meines Mannes sind uns seit Jahren vertraut. Es muss nicht sein, aber wenn jemand in einer Zeit, in der alle über Stress und Konsumdruck klagen, mit Freude schenkt, ist es etwas ganz Besonderes. Diese kleinen Zeichen der Verbundenheit bleiben unvergesslich...

Kleine Geschenke – Zeichen der Verbundenheit

Ein Geschenk,
damit ein Leuchten in den Augen
und Lächeln Zauber bringt.
Ein Geschenk,
damit das Grau des Alltags
mit Farbe überraschend fröhlich wird.
Ein Geschenk,
damit das Zeichen Dich erinnert,
dein Leben ist Geschenk.
Ein Geschenk,
damit Verbundenheit und Liebe
in immer neuer Form Gestalt annimmt.
Wer so schenkt hat tief verstanden,
dass Geben seliger denn Nehmen ist,
dass Glück entsteht
fern ab von Rechnung und Kalkül.

Auf dem Weg zum sagenumwobenen Herapel nahm ich die befestigte Landstrasse und passierte im Ort Hundling die Kirche St. Jacques, in der ich auf der linken Seite neben dem Altar eine schöne Jakobsstatur fand.

Saarländische Nordroute des Pilgerweges Schwarzenacker-Wörschweiler

Wer von Speyer oder Worms auf der Pfälzer Nordroute unterwegs ist, kommt von Landstuhl nach Kirrberg und kann von diesem Stadtteil Homburgs sich über Zweibrücken nach Hornbach begeben und zum Endpunkt der Pfälzer Nord- und Südroute gelangen. Wer jedoch den Weg bis Metz auf der saarländischen Nordroute fortsetzen will, könnte einfacher vor dem Ortseingang von Kirrberg durch das Lambsbachtal flussabwärts Richtung Schwarzenacker wandern. An dem Ausflugslokal Emilienruhe trifft er auf das Startschild zum saarländischen Nordweg und kommt am Ende des Tals vor der Einmündung des Lambsbachs in die Blies zum Ortsteil Schwarzenacker. Etwas mehr als 50 Jahre vor Christus, nach Caesars Eroberung Galliens, ließ Augustus die Straßen durch seinen Schwiegersohn Agrippa zwischen Metz und Worms sowie Straßburg und Trier anlegen und den Grundstein für diesen Ort, der als Versorgungsetappe nur unweit von deren Kreuzung entfernt lag, anlegen. Das heutige Römermuseum zeigt uns einige Fundstücke aus dieser Zeit, aber auch die liebevoll restaurierten Einzelheiten, welche zu diesem Etappenort gehörten. Meist konnte nur das Kellergeschoss freigelegt und an einigen Stellen exemplarisch Häuser nachgebaut werden, die einen guten Einblick in die damalige Zeit gewähren.

Da ein Teil des Museums als Freilichtmuseum angelegt ist, führen mich seit längerem tägliche Joggingrunden, aber auch der Weg zur Praxis nach Ottweiler regelmäßig hier vorbei, so dass wir uns alle mit dem Museum und der Gemeinde verbunden fühlen.

Den Pilgerstempel für die Klosterruine Wörschweiler bekommen wir im Museumsgebäude direkt an der Hauptstraße Richtung Einöd. Im Winter (zwischen Dezember und Februar) sind jedoch Ferien, so dass der Pilgerausweis in dieser Zeit nicht abgestempelt werden kann, was bei der Wanderplanung berücksichtigt werden sollte. Zwischen dem Museumsgebäude („Edelhaus") und dem Eingang des Römermuseums finden wir einen ansprechenden Barockgarten mit der Rekonstruktion einer Jupitergigantensäule sowie der Nachbildung eines Mercurtempels, eines Heiligtums, welches sich ursprünglich nahe des Klosterberges befand. Wenn wir uns nun nach Norden wenden, können wir auf dem Gipfel des Klosterbergs, auf der gegenüberliegenden Bliesseite in Wörschweiler die Ruinen des als Priorat der Benediktiner-Abtei Hornbach

gegründeten Klosters bereits sehen. Hinter der Brücke führt der Jakobsweg links neben der Pizzeria Roma einen asphaltierten Weg in größerem Bogen den Berg hinauf. Halten wir uns hinter der Brücke rechts, finden wir versteckt etwa fünf Häuser hinter der Feuerwehr, den direkten aber steilen Aufstieg zur Ruine.

Es war abenteuerlich, mit den Kindern den Anstieg im Schnee auf den verschneiten und gefrorenen Wegen zu meistern. Oben angekommen, hatten sie eine Freude, sich hinter den Mauern und Säulen zu verstecken, alte Grabplatten zu entdecken und den grandiosen Blick in das Bliestal mit uns zu teilen.

Erst vor kurzem ist die Ruine, insbesondere ein Teil der Klosterkirche mit der andeutungsweise noch zu erkennenden Rosette neu restauriert worden. Ohne Gerüst geht nun von dem Mauerwerk an diesem exponierten Platz alter spiritueller Tradition eine ganz besondere Atmosphäre aus. Welche Menschen lebten dort vor fast 900 Jahren? Hier, wo nun unsere Heimat ist. Alle vier Kinder wurden in Schwarzenacker getauft und gingen auch dort zur Kommunion. Im Pfarreisiegel finden wir die Umrisse der Klosterruine als Symbol, einige Gottesdienste haben wir an diesem Ort schon feiern können. Wir sind stolz, in dieser alten Tradition stehen zu können und einen solchen Kulturschatz „vor der Haustür“ zu haben.

Nachdem nun auch die Bäume gerodet wurden, welche den Ort über Jahrzehnte in einen Märchenschlaf versetzt hatten, ist der Klosterberg auch abends beleuchtet. Unübersehbar von vielen Fenstern im Ort aus, aber auch von der durch das Bliestal führenden Autobahn A8 kann dies bewundert werden.

Nach langer Zeit hat sich etwas getan. Freigelegt die Substanz, Neues erkennbar in seiner Struktur, stabilisiert das Mauerwerk, offensiver in der Darstellung, an Ausstrahlung gewonnen. So habe ich das Wörschweiler Kloster in diesem Winter erlebt. Hier wurde mit Sachverstand und Verbundenheit gearbeitet. Das innere Bild der psychotherapeutischen Arbeit kommt in mir auf: Wir haben immer einen einzigartigen Menschen vor uns und mit seinem Leiden beauftragt er uns zur Arbeit. Dieser Weg braucht Zeit, er ist manchmal mühsam, aber er lohnt sich.

Wer bin ich?
Warum diese Angst ? Warum dieser Schmerz ?
Der Blick verstellt durch Alltagslasten, Gesellschaftsdruck,
Gewohnheiten, die die Freiheit nehmen, Ideale, die nicht brauchbar sind.
Verliert sich mancher, glaubt der Botschaft trauriger Erfahrung,
Sieht den Mangel, nicht die Stärke, nur die Schatten der Vergangenheit.
Und wenn da einer dem Zweifel eine Stimme gibt,
Der zuhört ohne zu belehren, der um die Stärke weiß,
Die hinter bröckelnder Fassade du wieder finden darfst.
Den Kern, das Eigentliche, was du bist!
Dann meldet sich die Hoffnung, zunächst jedoch die Arbeit:
Wir schauen nach, wir legen offen, versuchen zu verstehen
Die Geschichte, die dein Leben einzigartig macht.
Das fordert ehrliches Bemühen und manchmal einen Schnitt.
Da kommt so manches auf den Prüfstand:
Was bleibt – was wird verändert?
Und nach und nach da weitet sich der Blick,
Du schaust verwundert und beglückt
Das eigene Selbst.

BLIESKASTEL

Der Weg von Wörschweiler nach Blieskastel führt durch einen der schönsten Waldabschnitte unserer Heimat an 7 Fichten vorbei über Lautzkirchen ins Tal der Blies wieder zurück und anschließend hinauf zum ehemaligen Kapuzinerkloster. Dort befindet sich die Wallfahrtskapelle Heilig-Kreuz, die das Gnadenbild der Mutter Gottes mit den Pfeilen aus dem 14. Jahrhundert aufbewahrt. Am Brudermannsfeld in Bebelsheim haben wir bereits über die Pieta berichtet, die seit etwa 1780 nun hier verehrt wird. Heute leben Franziskaner-Mönche aus Polen und Bruder Thomas oben auf dem Klosterberg. In der 1682 bis 1683 errichteten Kreuzkapelle befand sich ehemals auch eine Heilig-Kreuz-Reliquie.

Den Pilgerstempel bekommen wir nicht in der Kirche oder Kapelle, sondern, nachdem wir an der Klosterpforte geläutet haben, von Frau Gisela Bourguette, die zwei Tage nach meinem ersten Besuch die Schwesternweihe 3. Grades erhielt und uns am Folgetag (19.11.11) zum Elisabeth-Gedenkgottesdienst einlud. Mit unserer jüngsten Tochter (Elva-Carolyn Elisabeth), Oma und Opa konnten wir am Gottesdienst teilnehmen und dabei auch drei der Mönche kennenlernen, welche bei den folgenden Besuchen freundlich die restlichen Pilgerausweise abstempelten, aber auch für ein besinnliches Gespräch zur Verfügung stehen.

Meine Eltern wurden 1962 in der Heilig Kreuz Kapelle in Blieskastel getraut. Seither zieht es sie regelmäßig an diesen Ort, zu Gottesdiensten, Andachten und zu Spaziergängen. Dieses Jahr im April werden sie ihre Goldene Hochzeit feiern.

„Für Misch-Ehen läuten keine Glocken", diese Aussage des damals zuständigen Pfarrers in Zweibrücken traf vor allem meine Mutter hart. Sie war immer schon aktiv in der Kirche tätig, besuchte regelmäßig die Gottesdienste, sang im Kirchenchor, mit ihrer Frohnatur nahm sie den Glauben ernst. Dass ihre Liebe einem Protestanten galt, stellte für sie kein Problem dar. Aber für die Kirche, das musste sie damals schmerzhaft erfahren. Couragiert, wie meine Mutter ist, antwortete sie: „Dann heirate ich woanders". Und sie fanden die Kapelle in Blieskastel, dort wurden auch für sie die Glocken geläutet. Sie wurden nicht als Ehepaar zweiter Klasse degradiert, wie es bei vielen konservativen Geistlichen damals üblich war. Der besagte Pfarrer aus Zweibrücken stieg später auf bis zum Domkapitular in Speyer. Ein trauriges Kapitel der jüngeren Kirchengeschichte.

Meine Mutter hat sich nicht von der Kirche abgewendet, sie ist trotz klaren Blickes auf Schwächen und Widersprüche ihr und sich treu geblieben. Kirche ist für sie auch Heimat. Sie ist gläubig ohne Frömmelei, offen zu allen Menschen, sie fördert die Schwachen und lehnt Intoleranz und Hochmut ab. Mein Vater hat mit seinem gewährenden, aber distanzierten Blick auf die Kirche dazu beigetragen, dass ich meinen Weg frei wählen konnte. Sie haben mir Toleranz, aber auch ein eigenes, kritisches Denken vorgelebt

ELTERN

Eltern
Zwei Menschen, deren Liebe
unser Leben möglich machte.
Zwei Menschen, die den Zeitpunkt
unseres Kommens annahmen,
kein: Vielleicht doch besser später.
Zwei Menschen, die uns viele Jahre
ein Zuhause schenkten.
Zwei Menschen,
deren Leistung
immer unbezahlbar bleibt.

Jenseits der Blies können wir in der Nachbargemeinde Mimbach die evangelische Kirche mit Chorturm aus dem 14. Jahrhundert und Grabmälern aus den 16. Jahrhundert besichtigen. Es handelt sich um figürliche Darstellungen von Johann Adluff von

Eltz (gestorben 1574) und dessen Gemahlin Katharina von Brandscheit (gestorben 1592). Die Sage berichtet, dass der im Wecklinger Schloss lebende Graf auf dem Weg zur Kirche nach Mimbach trotz des Blieshochwassers und der Weigerung seines Kutschers, die Furt zu überqueren, diesem befahl, die Pferde aufs andere Ufer zu lenken. In den reißenden Fluten stürzte die Kutsche um und beide ertranken. So verdankt der „Bliesdom", wie die Kirche wegen ihrer Größe auch genannt wird, einem traurigen Anlass diese wertvolle Renaissance-Steinbild-Arbeit.

Der Fuß- oder Radweg vom Kloster führt über einen Anstieg (zuerst zum Gollenstein), dem größten Menhir Mitteleuropas (7 m), der etwa 5000 Jahre alt ist, hinab ins Alschbachtal und über einen asphaltierten Weg durch das „lange Tal" vorbei an Feldern bis hinauf zu den Höhen nach Biesingen, wo wir schon von weitem als Landmarke den Kirchturm der neugotischen St. Anna-Kirche sehen. Auf der gegenüberliegenden Seite des Bliestals, wenig oberhalb des Jakobswegs bei Böckweiler, stand vor dem 2. Weltkrieg der Alexanderturm, der leider den alliierten Piloten als nächtliche Erkennungsmarke diente, um die Rüstungsindustrie in Zweibrücken anzugreifen. So musste dieser Turm gesprengt werden und ist heute bis auf die erste Etage, die nicht über die Baumwipfel hinaus ragt, nicht mehr zu erkennen. Am gleichen Tag sollte auch die St. Anna-Kirche gesprengt werden, doch mutige Bürger beseitigten über Nacht das Dynamit, so dass wir noch heute die schöne und sehenswerte Kirche bewundern können.

Sankt
Anna

Biesingen

Dieser höchste Ort des Bliesgaus besitzt in der St. Anna-Kirche eine Statue von Anna Selbdritt aus dem 17. Jahrhundert als bekanntesten Schatz (Anna mit Maria und Jesus auf dem Arm, um die drei Generationen darzustellen).

Zahlreiche Radtouren haben wir von Homburg über Lautzkirchen und das zuerst sanft ansteigendes Alschbachtal bis Biesingen unternommen, wobei das Umrunden der Anna-Kirche jeweils den Höhepunkt darstellt. In die Kirche eingetreten sind wird jedoch erstmals als Pilger und waren sehr froh, sie nicht als Ruine des 2. Weltkriegs sehen zu müssen. Das Seitenportal rechts ist meist offen. Wir finden den Stempel hinten links neben dem Hauptportal an einer nur schlecht beleuchteten Stelle.

Der Höhenweg, der uns nun nach Heckendalheim führt, war mit dem Fahrrad leicht zu bewältigen, daher wanderten wir am 20. Februar 2012 bei schöner Sonne über die Felder, vorbei an der Gemeinde Seelbach mit Spuren einer 900 Jahre alten Marien-Kirche, direkt und unübersehbar an der Hauptstraße gelegen.

Weiter führt der Weg vorbei an Feldern zum Eichelbergerhof mit seinem Bioladen, der leider an diesem Tag geschlossen war. Unser Jüngster hatte sich so auf eine leckere Stärkung gefreut, dass wir fast verzweifelt nach „Essbarem“ Ausschau hielten und so das direkt am Pilgerweg liegende „Milichheisje“ fanden. Im Kühlschrank warteten Milch und Joghurt , in Regalen Müsliriegel, aber auch viele andere Bioprodukte sowie Kartenmaterial zum Jakobsweg und Jakobsmuscheln mit Gagatperlen auf uns. Die Preisliste wurde studiert und der Gesamtbetrag in einen Briefkasten geworfen („Aufrunden ist hier Ehrensache“). Auf der Bank davor konnten wir zusätzlich eine Flasche Bionade genießen und uns für die Fortsetzung der Wanderung Richtung Römerhof stärken.

Dort empfing uns Familie Lang, welche die neueste Errungenschaft am Pilgerweg demonstrieren konnte. Seit einem Jahr verfügen sie über eine Übernachtungsmöglichkeit für bis zu 6 quartiersuchende Pilger in einem Holzhäuschen auf dem Bauernhof, in dem tagsüber die Ehefrau eine Praxis unterhält, um als Heilpraktikerin und Psychotherapeutin den Patienten alleine schon durch die gesunde Atmosphäre zu helfen.

Gerade wer mit Kindern unterwegs ist, weiß, wie wichtig eine gute Verpflegung für die kleinen Pausen, wie beliebt ein Picknick ist. Einkehrmöglichkeiten sind motivierende Unterbrechungen und lassen uns den Weg nicht zu lange erscheinen. Eine kleine, gesunde, liebevolle Stärkung wäre das Richtige, doch viel zu oft findet man nur die typischen Angebote wie Schnitzel, Pommes, Fanta. Was ich meinem Körper zuführe, hat Bedeutung, auch der Herstellungsweg. Regionale Produkte und Bioprodukte habe ich immer bevorzugt, denn sie lassen Tiere noch Tiere sein und arbeiten mit und nicht gegen die Natur. Maßvoll und bewusst genießen, das ist eine Haltung, ein bisschen wie ein Gebet. Wir tragen Ver-

antwortung für das, was wir für uns einfordern, und wir sollten großzügig sein, dass gute Arbeit auch ihren Preis hat. Den Irrsinn von stundenlangen Tiertransporten, die einem Martyrium gleichen und die weltumspannenden Frachten für Obst, Gemüse und Blumen kann ich manchmal kaum ertragen, er macht mich wütend und traurig. Wir brauchen das nicht, nicht mit dieser Selbstverständlichkeit. Aber liegt es vor unseren Augen, greifen wir zu.

Auf unserem Pilgerweg Produkte von einem Bioladen, wie im „Milich heisje“ anzutreffen, war für uns eine kleine Offenbarung. So etwas müsste es häufiger geben! Ein herzliches Danke an den Eichelberger Hof auch für das Vertrauen an die Wanderer. Wir dürfen sie nicht enttäuschen...

Der gute Geschmack

Die Macht des Geldes und der Interessen
von Nahrungsmittelproduzenten
hat längst schon
unseren Geschmack korrumpiert:
Möglichst viel, möglichst billig,
viel Zucker, Fett, Geschmacksverstärker.
Schnell abhängig gemacht
den dummen Menschen.
Wir werden vermüllt
von innen und außen.
Hier heißt es:
Sich bewahren, nachdenken, verantwortlich sein,
für Mensch und Tier,
für die Natur.
Mehr Bio, weniger Leiden.
Ich brauche keine Studien,
meinen gesunden Menschenverstand
nur!

Wer jetzt noch Zeit hat, nach Ommersheim hinabzusteigen, wird überrascht sein, dass in der Kirche Mariä Heimsuchung eine Sakramentsnische aus dem 15. Jahrhundert in Form eines Kirchenportals als Tabernakel gestaltet ist, die noch aus der mittelalterlichen Vorgängerkirche stammt. Darüber sind neben ornamentalen Verzierungen Sonne und Mond symbolhaft für den gesamten Kosmos personifiziert. Neben einer Madonna aus dem 14. Jahrhundert sehen wir Fragmente eines romanischen Bogenfrieses aus dem 12.-13. Jahrhundert im Eingangsbereich der neuen Kirche, die 150 Jahre lang in eine Gartenmauer eingearbeitet war und schließlich wieder zurückgegeben wurde. Der Kirchenneubau wurde im rechten Winkel als Erweiterungsbaumaßnahme im Jahr 1966/67 an die alte Kirche angebaut und dient als modernes Kirchenschiff, die spätklassizistische Kirche als Altarraum und Seitenschiff. Heute wäre das kleine Gotteshaus, das somit einen Teil seines Charmes verloren hat, wieder die optimale Lösung für die geschrumpfte Zahl der Kirchenbesucher.

Heckendalheim

Die nächste Etappe am Pilgerweg ist die St. Josefs-Kirche, die erst 1950 erbaut wurde, jedoch am Ende der alten Römerstraße liegt, auf der sicher im Mittelalter die Pilger auch in diesem Ort vorbei kamen. Beim ersten Mal war die Kirche offen und ich fand den wunderschönen Stempel im Vorraum der Kirche links angekettet.

Ein „Highlight“ des Jahres 2011 für unseren Sohn ereignete sich am Ortseingang, als wir ein Wildschwein nur wenige Meter von uns entfernt an der Friedhofsmauer entlang kommen und unmittelbar vor uns den Jakobsweg kreuzen sahen. Wohl etwas unscharf, konnte ich es auf dem Foto gerade noch einfangen.

Wunderschön illustrierte Kinderbücher machten das Wildschwein für unseren Sohn schon früh zu seinem Lieblingstier. Kein Zoobesuch, keine noch so schöne DVD hätte solch eine Freude in unserem Sohn auslösen können, wie diese unerwartete Begegnung in der Natur. So etwas lässt sich nicht kaufen, nicht terminieren, so etwas geschieht, wenn man sich auf den Weg macht!

Und darin steckt das Geheimnis, das verstehen gerade Kinder tief in ihrem Herzen. Es ist das heilsame Gegengewicht zu unserer elektronischen Scheinwelt und zu den Spielzeugbergen.

Wenn das Unerwartete geschieht

Wenn das Unerwartete geschieht,
halt inne,
betrachte und nimm auf,
in Dein Herz mit allen Sinnen,
die Wirklichkeit,
die Dich beschenken will.
kein Enter-Esc,
kein Suchprogramm.
Reales Leben fühlt sich anders an.
Es braucht mehr Mut
und mehr Geduld,
wer sich verschließt
ist selber schuld...

Beim zweiten Besuch am 11. Februar 2012 war nach einer bitterkalten Nacht das Weihwasser gefroren und die Tür verschlossen, so dass wir nach mehrfachem Klingeln in der Nachbarschaft gegenüber des Marie-Walle-Pfadfinderhauses in der Pfarrer-Weise-Str. 5 Frau Kunkel fanden, die uns freundlicherweise die Kirche öffnen konnte. Über den Ensheimer Hof und vorbei am Terminal des Saarbrücker Flughafens, von dem wir viele Male schon in die Urlaubsferien gestartet sind, führte uns der Jakobsweg steil hinab in eine „wildromantische" Schlucht (wohl wie die Wolfsschlucht im Freischütz), um dann durch das Tal des Fechinger Baches bis zur Autobahnbrücke Bischmisheim zu gelangen. Hier brachte uns der nun steil ansteigende Weg hinauf zur evangelischen Kirche.

Bischmisheim

Am 26.11.2011 hatte ich am Nachmittag mit Pfarrer Horst Gaewert einen Termin vereinbart zur Besichtigung der außergewöhnlichen Schinkelkirche, die verständlicherweise immer verschlossen ist. Nicht so verschlossen begegnete uns der evangelische Pfarrer. Während die Kinder der Gemeinde mit seiner Ehefrau im Pfarrheim ein Krippenspiel probten, erklärte er alles Wissenswerte zu diesem wunderschönen klassizistischen Kleinod und erläuterte die Hintergründe, wie dieses in die „hinterste" Provinz Preußens in das kleine Dorf Bischmisheim gelangte:

Anfang des 19. Jahrhunderts war die alte Dorfkirche baufällig geworden und auf Grund der politischen Gegebenheiten musste der Antrag für den Neubau beim Baumeister des preußischen Königs Karl-Friedrich Schinkel in Berlin eingereicht werden. In der Zwischenzeit hatten die Bürger für die beantragte Hallenkirche bereits die Fundamente ausgeschachtet, als von dem bekannten Architekten und Maler der Ablehnungsbescheid kam. Aus Spargründen sollte ein kleines achteckiges, zweigeschossiges Gotteshaus entstehen. Da der Baumeister Berlins mit der Neuen Wache, dem Schauspielhaus und der Nikolaikirche bedeutende Bauvorhaben für den König verwirklichen musste, war ein Widerspruch nicht sinnvoll. Doch wider Erwarten entstand in diesem unscheinbaren, bedeutungslosen Ort Preußens eine Kirche, mit der sich die meisten Gemeindemitglieder heute noch tief verbunden fühlen und persönlich identifizieren. Ganz nach lutheranischer Vorstellungen des Königs wurden in einer senkrechten Achse übereinander der Altar, die Kanzel und die Orgel angeordnet und um diese die Gemeinde dicht versammelt. Das helle Tageslicht strömt ins Innere und lässt die malerische Schönheit dieses Juwels erkennen. Sie ist klein, aber fein; nicht teuer, aber wertvoll; nicht prunkvoll, sondern prächtig in ihrer Schönheit. Im Gegensatz zur reformierten Kirche, die vorwiegend die Verkündigung des Wort Gottes und somit die Kanzel in den Mittelpunkt stellt, sind hier auf gleichem Niveau der Altar für das Opfer, aber auch die Orgel für den Lobpreis Gottes durch die Musik angeordnet.

Beim zweiten Besuch am 21.01.2012 nahmen wir mein Patenkind Tim und seine Familie mit auf den Jakobsweg. Pfarrer Gaewert gelang es, unsere Gruppe von 10 Personen durch seinen Vortrag ebenso zu fesseln. Die Ähnlichkeit zu der hundert Jahre älteren Ludwigskirche in Saarbrücken fiel auf, und wir erfuhren von einer eingebauten Orgelpfeife, die

aus der Leipziger Universitätskirche stammte, an der Bach täglich geübt habe. Zum Schluss wurde nach einer kleinen Meditation ein gemeinsamer Kanon eingestimmt.

Herrn Pfarrer Gaewert erlebe ich als einen offenen, lebendigen und wortgewandten Menschen. Seine Sprache ist klar, er nimmt unsere Fragen auf und lässt sich auch auf ein sensibles Thema wie die Ökumene ein. Diese Frage stellte sich mir, nachdem wir von der Nutzung der Bischmisheimer Kirche bis vor nicht allzu langer Zeit als Simultan-Kirche erfuhren. Simultan-Kirche, Simultaneum oder paritätische Kirche wird ein von mehreren christlichen Konfessionen gemeinsam genutzter Sakralbau bezeichnet. Entweder bleibt das Gotteshaus ungeteilt und die Konfessionen haben unterschiedliche Gottesdienstzeiten (so in Bischmisheim) oder die Kirche ist abgemauert und jede Konfession hat ihren eigenen Bereich. Eine Wohngemeinschaft unter deutschen Kirchendächern sozusagen. Von den jetzt noch 65 Simultankirchen in Deutschland gibt es die meisten in Rheinland-Pfalz (29), nur noch eine im Saarland, die Kirche in Böckweiler.

Nach solchen Geistlichen sehnen wir uns, keine Phrasenhaftigkeit oder Abgrenzung, sondern Interesse am Dialog! Das ist Frohe Botschaft...

Katholiken und Protestanten waren sich schon deutlich näher als heute. Mit dem 2. Vatikanischen Konzil gab es eine Aufbruchsstimmung unter den Gläubigen, „Unitas redintegratio“, die Einheit der Christen wieder herzustellen war eine der Hauptaufgaben. Mit viel Respekt und Feingefühl stellte Herr Pfarrer Gaewert die Vorzüge beider Kirchen dar, man könne und solle voneinander lernen. Den Erhalt der Glaubenswahrheit, zeitloser unverbrüchlicher Maßstäbe, unbeugsam gegen die Verlockungen des Zeitgeistes, sieht er als Leistung der katholischen Kirche an. Das Buch von Josef Ratzinger – Papst Benedikt der XVI „Jesus von Nazareth“ hält er für das Beste und Tiefgründigste, was er über Jesus gelesen habe. Die Gefahr der katholischen Kirche sei die Starre, das nicht mehr

Erreichen der Menschen von heute. Die großzügigere Vielfalt in der evangelischen Kirche lässt mehr theologische Auslegungen zu, das Aufweichen grundsätzlicher Positionen könnte aber auch ein Nachteil sein. Soviel Differenziertheit in so kurzer Zeit durch einen Geistlichen, das hat mich beeindruckt!

Frohe Botschaft

Das Evangelium,
die Frohe Botschaft
liegt quer zum Erfolgsdenken
und den Wertmaßstäben dieser Gesellschaft.
Nicht bei den Biederen und Selbstgerechten,
sondern in den Brennpunkten menschlicher Verzweiflung
ist sie zu Hause.
Im barmherzigen Verständnis
für menschliche Grenzen,
in der Offenheit für Skeptiker und Suchende,
für die Probleme des Menschen von heute.

Unser „Pilgermahl“ nahmen wir anschließend im Restaurant s’Olivio im Domizil Leidinger ein, was nach unserem Reiseführer ein ausgewiesenes Pilgerhotel und -restaurant ist. Aber auch für Nichtpilger ist es nicht nur wegen der Atmosphäre, sondern insbesondere wegen der guten Weine und der mediterranen Kochkunst sehr zu empfehlen.

Der Jakobsweg führt nun weiter bergauf zum Wasserturm auf den Geisberg und über den Steinackerweg mit einem schönen Blick hinab ins Saartal bis zum Forbacher Schlossberg nach Frankreich und auf der Nordseite zur Saarbrükker Satellitensiedlung, dem Eschberg. Alleine kam ich wandernd an einem Wintertag im Saarbrücker Stadtteil Brebach an, wobei mich die katholische Kirche magisch anzog. Vor 33 Jahren habe ich sie auf dem Weg zurück vom Winterbergkrankenhaus kommend zum ersten

Mal betreten und habe eine Kerze für meine Mutter angezündet. Sie befand sich nach einem Herzinfarkt im Kampf um Leben und Tod. Wenig später, als ich zu Hause ankam, erhielt ich am Telefon die traurige Nachricht von ihrem Tod. Seither habe ich mich nicht mehr in dieses Gotteshaus gewagt. Sollte ich nun eintreten? Was würde mich dann erwarten bei der Rückkehr nach Hause? Welche schlechte Nachricht ?

Ich ging zur Tür ... und sie war zum Glück verschlossen!

Tod

Der Tod bleibt immer
unfassbar,
übersteigt unser Begreifen
und lässt uns allein zurück
mit dem nie gekannten Schmerz.

Unserer eigenen Sterblichkeit bewusst
sehnen wir uns
nach einer Kraft, die diese Trennung auflöst
und den Tod verwandelt.
Nichts gibt uns Gewissheit,
dies auszuhalten, schwer......
Der Glaube bietet Antwort,
doch trägt dieser Glaube
den trauernden Menschen?

Was trägt, ist
die Stimme des Herzens,
das die Ewigkeit ahnt.
Was trägt, das sind
die Menschen, die das Leid
und den Schmerz mit uns teilen.
Was trägt, ist
unser eigenes, unverwüstliches Ich
mit seiner Sehnsucht nach Leben.
Und vielleicht tritt in der tiefsten Verzweiflung,
dort, wo kein Wort mehr die Seele erreicht,
uns entgegen
dieser Glaube, der trägt.

Von der Halberger Hütte in Brebach haben wir an einem Sonntag beim Wandern mit der Familie einen Abstecher zum Schloss Halberg (dem Sitz des Saarländischen Rundfunks) und der am Westhang liegenden Mitrasgrotte gemacht. Diese heidnische Weihestätte aus römischer Zeit, die zu Ehren des persischen Sonnengottes vor 2000 Jahren angelegt wurde, konnte erhalten werden, da sie später in eine christliche Kapelle umgewandelt wurde und schließlich zur Grotte mit Wasserspiel im Landschaftsgarten des barocken Schlosses umfunktioniert wurde. Nachdem die französischen Revolutionstruppen das Schloss zerstört hatten, wurde dieses von Karl-Ferdinand Stumm, der u.a. Eigentümer der Halberger Hütte war, im neugotischen Stil wieder aufgebaut. Von dort war es nur etwa 400 m weit über die alte Kaiserstrasse zum Saarbrücker Zoo zu wandern. Nicht immer können sonntags Wanderungen nur Ziele des Jakobsweges beinhalten. Wir alle waren froh zu sehen, dass die Umstrukturierung des Zoos in den letzten Jahren dazu geführt hat, dass es den Tieren dort recht gut

geht und wir sie munter und interessiert antrafen. Diesen schönen Nachmittag schlossen wir dann im Café Schubert auf dem Rotenbühl ab. Leider fanden wir das alte „Klösterchen“ am Rotenbühlerweg, was in meiner Kindheit und Jugend zu unsere Gemeinde „Maria-König“ gehört hatte und noch immer schöne Erinnerungen weckt, verlassen und dem Verfall preisgegeben, nachdem die letzten Patres vor Jahren schon verstorben sind.

Ein Lied aus dem Kommunionunterricht geht mir durch den Kopf:

Einfache Dinge im Leben sehen.
Sie reden lassen und sie verstehen.

Ein Stern, ein Lachen, eine Blume, die blüht:
Und Gott danken mit einem kleinen Lied.

Man kann tatsächlich an einem Nachmittag den Bogen vom persischen Sonnengott Mitras zum Saarbrücker Zoo schließen.

Saarbrücken/St. Arnual

Hinter der Halberger Hütte führt links eine kleine Strasse „Zur alten Fähre“ über die Saarbahngleise in einen Bereich Saarbrückens, den ich bislang noch nicht kennengelernt hatte. Ein zugeschütteter Altarm der Saar ist heute als Naturschutzgebiet ausgewiesen und lässt nur Wanderer und Radfahrer bis zur 4-spurigen (einschließlich 2 Gehwegen) Planungsruine einer Brücke, die die Saar überquert, welche nie in St. Arnual an die Autobahn Anschluß fand. Nur wenig weiter flussabwärts auf der linken Saarseite stoßen wir auf eines der bedeutendsten Kulturdenkmäler im süddeutschen Raum. Als gebürtiger Saarbrücker hatte ich es zwar immer wahrgenommen, aber bislang noch nie besichtigt.

Zum ersten Mal kam ich am 05.12.2012 im Regen an. Bereits im 7. Jahrhundert hatte der Metzer Bischof Arnualdus die Vorgänger-Kirche in der Nähe der alten Römerbrücke bauen lassen. Die heutige gotische Kirche wurde im 13. Jahrhundert errichtet und ist auch in den vielen Kriegen, die in der Saarregion wüteten, nie zerstört worden. Sie diente seit 1456 zuerst der Gräfin Elisabeth von Lothringen und später all ihren Nachfolgern bis zum 30-jährigen Krieg als Grablege und macht sie somit zu einem unvergleichlichen Schatz mittelalterlicher Kultur. In der Chormitte hinter dem Altartisch ruht die Gräfin in einem Hochgrab. Auch ihr Sohn Graf Johann III und seine beiden Frauen wurden so im nördlichen Seitenschiff bestattet. Ihnen gegenüber sind 11 Wandgräber zu erkennen mit lebensgroßen Statuen der Verstorbenen und reich verzierten Wappen und Titel. Darüber hinaus wurde eine Madonna (wohl aus einer lothringischen Werkstatt) aus der Mitte des 14. Jahrhunderts mit innigem Blickkontakt zum Gotteskind gefunden, die links neben dem Haupteingang im

hinteren Teil der Kirche zu finden ist. Während aufwendiger Restaurierungsarbeiten fand man im Kreuzgangbereich 2004 als Grabbeilage Perlen aus Gagat (Halbedelstein aus fossilem Holz) mit Jakobsmuscheln verziert und an Schnüren aufgereiht, was auf die Jakobs-Pilgerbewegung hinweist, zumal sich neben der Stiftskirche auch ein wichtiges Pilgerhospiz befand.

Die Wandgräber mit den lebensgroßen Statuen und die Hochgräber geben dieser Kirche eine unvergleichliche Schwere und Würde zugleich. Besonders interessiert bin ich an der Geschichte der Elisabeth von Lothringen, Gräfin von Nassau-Saarbrücken. Als junge Frau gelang es ihr, ihr Reich zusammen zu halten und Streitigkeiten mit den umliegenden Gebieten zu vermeiden. Unter ihrer Herrschaft entwickelte sich Saarbrücken zu einer Residenzstadt. Neben ihrer Aufgabe als Mutter und Regentin nach dem Tod ihres Mannes, übersetzte sie mit Leidenschaft französische Verse über Heldentaten der Mächtigen und Wundertaten von Heiligen ins Deutsche. Sie wurde dadurch die erste französisch-deutsche literarische Übersetzerin. Sie übertrug die Verse in Prosa und wurde damit auch zur Wegbereiterin des deutschen Prosa-Romans. Was heute so selbstverständlich uns scheint, die Erschließung der Literatur aus anderen Sprachbereichen, musste damals von Einzelnen ermöglicht werden.

Den Stempel erhielten wir im Pfarramt nebenan beim Küster Herrn Grund und bei einem weiteren Besuch mit der Familie an einem Werktag im Pfarrbüro. Beim ersten Besuch verzichtete ich als Saarbrücker auf den „Umweg“ über die Innenstadt und fuhr mit dem Rad über die Grenze an der goldenen Bremm hinauf zu den Spicherer Höhen, wo 1870 im deutsch-französischen Krieg die erste und mitentscheidende Schlacht geschlagen wurde, an die nun Denkmäler und Friedhöfe mahnend erinnern. Auf der Höhe befindet sich auch das Traditionsgasthaus Woll, für viele Saarbrücker über Jahrzehnte hinweg die nächste gastronomische Adresse im Nachbarland. Von dort an muss man sich an französische Verhältnisse der Wegbeschilderung gewöhnen. Sporadisch und nicht immer richtig angebracht führt dies zu einiger Verwirrung: Kaum einer, mit dem ich darüber sprach, fand ohne sich zu verlaufen zum Ziel. Ein Navigationsgerät sollte hier jeder mit sich führen, der nicht stundenlange Umwege und unkundige Passanten kennen lernen möchte. Im Herbst war zudem eine Wildschweinjagd angesetzt, so dass das Abenteuer letztlich mit einer Querfeldeintour den Berg hinab zu einer Siedlung führte, die mich über eine parallel zur Autobahn und dem Waldrand verlaufende Dorfstrasse zum gewünschten Ziel führte.

Saarbrücken

Leichter war es dann mit der Familie von der Stiftskirche in St. Arnual an der Saar entlang bis in das Stadtzentrum von Saarbrücken St. Johann auf altbekannten und vertrauten Wegen zu wandern (Teilstrecke des Saarbrücken Marathon) und die Innenstadt am St. Johanner Markt zu erreichen. Dort finden wir den vom Saarbrücker „Stararchitekten des 18. Jahrhunderts“ (Friedrich Joachim Stengel) errichteten Marktbrunnen, aber auch die katholische Kirche St. Johann, die die Heimatpfarrei der Familie meiner Mutter war. Ein Besuch, der von Papst Paul VI. 1975 in den Rang einer Basilika erhobenen Kirche (erbaut 1754 bis 58), lohnt in jedem Fall. Nur wenige Schritte dahinter beginnt auf der gegenüberliegenden Straßenseite bereits die Rückwand des 1899 vollendeten neugotischen Rathauses aufzutauchen. Dort erhalten wir im Tourismusbüro alle wichtigen Informationen zum saarländisch-pfälzischen Jakobsweg, aber auch einen weiteren Stempel aus Saarbrücken. In lateinischer Aufschrift erinnert er an den heiligen Jakobus, der als Apostel in Saarbrücken ein besonders hohes Ansehen genießt.

Wir gehen nun über die alte Brücke, die die ehemaligen Schwesterstädte Saarbrücken und St. Johann seit 1548 verbindet. Auf dem Schlossplatz treffen wir erneut auf mehrere barocke Stengelbauten, wie das alte Rathaus, das Erbprinzenpalais und die bis 1748 für Fürst Wilhelm Heinrich erbaute spätbarocke Residenz. Nur die Schlosskirche stammt bereits aus dem Jahre 1470 und diente von 1651 bis 1768 den Fürsten als Grablege. Heute ist sie in Zusammenhang mit dem Kreisständehaus, dem Museum für Vor- und Frühgeschichte und der

alten Sammlung des Saarlandmuseums für Jakobspilger wichtig, da sie die Wintringer Madonna und eine Rochusstatur beherbergt.

Der Höhepunkt stengelscher Baukunst wurde 1764 jedoch auf dem westlich vom Schloss liegenden Ludwigsplatz erreicht. Er ist einer der berühmtesten Barockplätze Deutschlands und birgt an der Nordseite seit 1954 die Staatskanzlei mit dem Sitz der Ministerpräsidentin des Saarlandes. Im Zentrum steht jedoch die barocke Ludwigskirche (1775 fertiggestellt), die neben der Dresdner Frauenkirche und dem Hamburger Michel der drittbedeutendste protestantische Kirchenbau Deutschlands ist. Wie wir im kleinen schon im Bischmisheim erfahren konnten, ist auch hier ganz vortrefflich die Einheit von Altar, Kanzel und Orgel in einer vertikalen Linie vom Zentrum ausgehend bis zum Auge Gottes, was am Himmelsgewölbe zentral thront, gewährleistet. Diese „weiße Würde" und „majestätische Eleganz" machen den Innenraum zum Paradies auf Erden. Nur einen Block nördlich davon sehen wir Saarbrückens Dank an den heiligen Jakobus in der 1880 vollendeten und mit zwei Jakobsskulpturen aus dem 15 Jahrhundert geschmückten katholischen Kirche St. Jakob.

Zu der gleichen Gemeinde gehört auch die älteste Kirche Saarbrückens, die 1227 als Hospiz des deutschen Ordens gegründete Deutschherrenkapelle, die mit gotischem Chor 1247 geweiht wurde. Die burgartige Anlage beherbergt, etwas versteckt in Altsaarbrücken, etwa 1,5 km von der Ludwigskirche entfernt in der Moltkestrasse, auch eine Orgel von Johann Christian Bach. Ehemals verwöhnte sie im Buckingham Palace in London die Ohren des englischen Hofes. Heute befindet sie sich im Besitz der saarländischen Musikerfamilie Leonardy. Der Junior übt hier regelmäßig, jedoch bei verschlossener Tür. Gottesdienste finden Sonntag morgens um 9.00 Uhr regelmäßig statt, am 21.01.2012 konnte ich nach Rücksprache mit Herrn Lanz vom Saarländischen Staatstheater einer Konzertprobe beiwohnen, die mich fast ebenso wie der gotische Innenraum tief beeindruckte.

Der anschließende Weg durch Altsaarbrücken zur goldenen Bremm führt leider durch Wohngebiete. Von St. Arnual kommend trifft man wieder vor der französischen Grenze auf den offiziellen Pilgerweg.

Forbach

Ein weiterer Höhepunkt des Jakobsweges zwischen Hornbach und Metz ist sicher der Besuch in der Heiligkreuzkapelle in Forbach, in der nach oben erwähnte Regenradtour mit Umwegen ankam. Der Chor stammt aus dem 13. Jahrhundert. Die quadratische Halle aus dem Jahr 1458. Zu beachten sind insbesondere auch die Kreuzigungsgruppe links und die Annastatur mit der jungen Tochter und Schülerin Maria rechts vom Chor. Falls keine Schwester im Kirchenraum sich befindet, geht man hier rechts vorbei und klopft an der Holztür, die zum Gebetsraum und Sekretariat der Schwestern führt.

Errichtet wurde die Kapelle zu Ehren der heiligen Anna durch Alice von Siersberg und Felsberg, der schönen Tochter des Grafen, die sich in zwei Ritter gleichzeitig verliebte und die beide beim Kampf um die Prinzessin fielen. Daraufhin beschloss sie, als Nonne den Menschen zu dienen. Nach dem Tod der Gründerin wurde die Nutzung als Einsiedelei und Hospizkapelle am Jakobsweg etabliert. Seit 1969 ist sie Eigentum der Stadt Forbach. Zur Zeit leben noch drei Schwestern hier, die sich um Hilfe suchende Menschen bemühen. Schwester Angelique erklärte uns, dass sie die Nöte und Sorgen der Menschen geduldig an-

höre, aber dann auch die Last an Gott im Gebet weitergebe. Beim dritten Besuch traf ich Schwester Marie-Bernadette an, die von 175 Jakobspilgern im Jahr 2011 berichtete. Diese werden in die neben der Kirche befindlichen Klausnerwohnung gebeten und erhalten entweder im Gebetsraum und Sekretariat oder in der Wohnküche der Schwestern ihren Stempel.

Die Begegnung mit Schwester Angelique war begleitet durch ein eindrucksvolles Schauspiel der Natur: Gegen Abend verdunkelte sich der Himmel plötzlich, und ein bedrohlicher Sturm zog auf. Wir mussten durch ein Waldstück bergauf und die Angst, dass Äste auf uns fallen, war nicht unberechtigt. Sollten wir nicht doch besser umkehren?

Aber da oben schien schon das Licht, und wir rannten regelrecht in die Kapelle hinein. Dort war Ruhe und Schutz, eine Stille, die berührt. Zwei Männer kamen noch später hinzu und setzen sich zum Gebet. Nach einiger Zeit Innehalten und dem Anzünden einer Kerze, ein Ritual, welches besonders die Kinder lieben, sahen wir Schwester Angelique. Mit einem freundlichen Lächeln verstand sie unser Anliegen und führte uns in ihren bescheidenen Privatbereich. Wie so oft bei innerlich lebendigen Menschen, überrascht uns ihr Alter, demnächst wird sie 80 Jahre alt! Ihre lebendigen Augen schauen uns intensiv an. Neben den Pilgern suchen auch immer wieder Menschen in Trauer und Verzweiflung diesen Ort auf. Ihnen zuhören, Trost zu spenden, sei ihre Aufgabe. Wir tauschen uns aus und finden Gemeinsamkeiten. Auch in unserer Arbeit erfahren wir von schweren Verlusten, Enttäuschungen, Krankheit und Schmerz. Nicht alles kann wegtherapiert werden. Hier gilt es zuzuhören, Anteil zu nehmen und menschliche Nähe zu schenken. Manchmal ist es auch für uns schwer, fast zu schwer. Wir müssen eingestehen, dass unsere Hilfe begrenzt bleibt. Hier kann ein Hoffen zum Gebet werden, hoffen und beten, dass auf die Verzweiflung die Zuversicht folgt, dass der Schmerz sich verwandelt, dass sie in ihrem Leben Sinn und Würde erfahren.

Heilen

Gesprächstechniken, therapeutische Verfahren,
mentale Techniken,
multimodal-integriert,
analytisch, gruppenzentriert.
Selbsterfahrung, Selbstverwirklichung....
Die psychische Realität des Menschen kennen
mit der tiefen Polarität und Ambivalenz
seiner emotionalen Impulse
ist sicher eine gute Basis.

Aber als Mensch erfahrbar sein
in aufrichtiger Nähe,
im Aushalten,
im Zuhören und Antworten
ist vielleicht
der Technik überlegen.

Auf dem weiteren Weg kommt man auch am Schlossberg vorbei, wo insbesondere aus meiner Kindheit in Saarbrücken mir der 30 m hohe Turm in Erinnerung ist, den ich vom Schwarzenberg aus am Horizont sehen konnte. Er wurde 1257 erbaut und spiegelt gut die wechselvolle Geschichte der deutsch-französischen Grenzregion.

Der beschwerliche Wanderweg zum Herapel ist mit dem Fahrrad kaum zu meistern (matschige Wege und starke Steigung), so dass ich die Straße wählte.

Herapel

Auf der Höhe stand hier einst eine Festung, die die Handelswege von Metz nach Worms und Straßburg nach Trier kontrollierte. Schon die Römer bauten diese Festung, wobei nur enttäuschend wenig Mauerwerk davon noch zu sehen ist. In einer Bergnische findet sich die Kapelle St. Helena, die ehemals (wie in Saarbrücken) ein Mitras-Heiligtum barg und nun der Mutter des römischen Kaisers Konstantin geweiht ist und so als christlicher Wallfahrtsort bis in die heutige Zeit überlebte. Leider gibt es auch hier jugendliche Randalierer, wie Wanderer aus der Gemeinde Cocheren am Fuße des Herapels berichteten, die erst vor wenigen Jahren dort zerstörerisch gewütet hätten. Was geblieben ist, ist wenig und kaum besuchenswert. Bedeutsam ist lediglich der historische Ort und das Andenken an die Mutter eines römischen Kaisers, die hier gewohnt haben soll.

Im Tal freuen wir uns auf Madame Kiefer, die uns nach telefonischer Vereinbarung das Naturfreundehaus zeigt mit seinen Übernachtungs- und Bewirtungsmöglichkeiten auch für Gruppen bis 25 Personen) und uns den Jakobspilgerstempel gibt (Telefon: 0387 044 806).

Seingbouse

Von Cocheren führt der Jakobsweg entweder direkt nach Homburg-Haut oder ein Umweg schickt uns einmal mehr in die Höhe hinauf in das kleine Dorf Seingbouse. Dort befindet sich eine St. Jakobskirche mit einer Jakobus-Statue außen über dem Hauptportal. Dieses ist auch alles, was wir zu sehen bekommen, da die Kirche abgesperrt ist und von außen zumindest nicht sonderlich interessant erscheint. Im Inneren sollten noch verschiedene Jakobus-Darstellungen aus dem 17. Jahrhundert vorhanden sein. Neben den 24 im Pilgerpass vermerkten Orten mit regulären Stempeln können wir hier einen zusätzlichen Pilgerstempel des Jakobswegs erwerben, der auf der Rückseite ähnlich wie der Stempel vom Naturfreundehaus in Cocheren Platz findet. Wenn wir die zwei Stempel aus Walsheim, Saarbrücken und St. Avold dazu nehmen, könnte man somit also noch wenigstens fünf offizielle Zusatzstempel, die auf der letzten Seite des Pilgerausweises Platz finden, erwerben.

Der Altbau des Bürgermeisteramtes (Mairie) links neben der Kirche ist immer verschlossen, der Neubau dahinter nur zu erkennen, wenn wir einmal links um den Block laufen. An einem Mittwochnachmittag zwischen 14 und 18 Uhr hatten wir Glück, die zuständige Sachbearbeiterin mit dem schönen Stempel anzutreffen. Eigentlich hat sich jedoch der Umweg nicht gelohnt und es wäre sinnvoller, sich mehr Zeit für das alte Bischofs-Homburg, was nun die nächste Station ist, zu nehmen.

Schlüssel zum Erfolg

Die Tür verschlossen,
vergeblich warten,
Hoffnung schnell verflossen

Wo ist der Schlüssel zum Erfolg?

Erwarten: Eine andere Tür ist offen,
fragen, neue Wege geh`n.
Der Schlüssel: handelnd hoffen!

Hombourg-Haut (Bischofs-Homburg)

Über der Autobahn nach Straßburg und am kleinen Bergweiler-Betting vorbei kommen wir wieder ins Tal der Rossel und sehen gegenüber auf dem Berg die Altstadt von Hombourg-Haut wie eine mittelalterliche Festung auf dem Bundsandstein-Felsen thronen. Allein der Anblick schürt schon Begeisterung, den Anstieg bis zum alten Stadttor aus dem Jahr 1240-1250 zu erklimmen.

Die Stadt wurde im 13. Jahrhundert vom Metzer Bischof (Jacques de Lorraine) gegründet und als Sommer-Residenz angelegt mit großem Burgschloss, wobei heute nur noch spärliche Reste zwischen der Kirche und der St. Katharinen-Kapelle davon zeugen. Teile der ehemaligen Burg sollen sogar aus dem 10. Jahrhundert stammen, wobei Kardinal Richelieu im Jahr 1634 sie komplett schleifen ließ. Die bedeutsamsten Überreste finden sich in der Katharinen-Kapelle, von der man eine großartige Fernsicht über das Rossel-Tal mit Freyming-Merlebach und Forbach bis hinüber zum deutschen Warndt genießt. Allein der Blick von außen auf dieses gotische Kleinod entschädigt für den Weg über den gesamten Bergrücken. Simon von

Homburg ließ sie 1260 als private Hauskapelle anlegen.

Nach mehrfach falschen Informationen und 4-maligen Besuchen, konnte ich endlich am 11.03.2012 das Innere, dank der Hilfe des freundlichen Pfarrers Clément Jung, betreten. Über dem Hauptaltar sehen wir die heilige Katharina, die Schutzheilige der Philosophen. Der einzige Gottesdienst findet am 25. November (ihrem Namenstag) statt. Etwa 10 Personen können in den beiden Holzbänken Platz finden. Links neben der Heiligen Katharina steht der heilige Nikolaus, darunter eine Statur des heiligen Rochus als Verbindung zu den Jakobspilgern und auf der gleichen Seite über den Bänken befindet sich eine eindrucksvolle Kreuzigungs-Szene mit Maria, Maria Magdalena und Johannes darunter. Der Besuch lohnt definitiv und kann leichter in den warmen Monaten (Mai bis September) sonntags nachmittags zwischen 14-18 Uhr geplant werden. Zu diesen Zeiten sei sie zur Besichtigung aufgesperrt. Ein weiterer Schlüssel liegt im „bureau de tourisme", den man gegen Hinterlegung des Ausweises ausgehändigt bekommt. Es ist gut ausgeschildert und in der Villa Gouvy untergebracht,. (Öffnungszeiten Mo.-Fr. 9.00-11.45 und 14.00-17.45, Sa. 9.00-11.45 Uhr). Hier kann man auch ein farbbebildertes Buch erstehen, das sich allein mit der Geschichte der Chapelle Sainte-Cathérine befasst. Auf den 500 m zurück bis zur gotischen Basilika St. Etienne finden wir am Wegrand neben Katharina die restlichen 13 Nothelfer in Stein gemeißelt.

La Collégiale Saint-Etienne (im 13. bis 14. Jahrhundert als Stiftskirche der Augustiner gebaut) birgt im Inneren auch zahlreiche Schätze, die bis zurück ins frühe Mittelalter verweisen, als hierzu auch ein Pilgerhospiz gehörte. Den ältesten Teil dürfte wohl die im Südosten neben dem Chor liegende St. Nikolaus-Kapelle ausmachen mit ihrem gotischen Gewölbe.

Rechts vom Hochaltar finden wir in einer Nische eingelassen ein liturgisches Waschbecken mit direktem Abfluss nach außen, wie es bereits im Walsheim beschrieben wurde, und eine weitere dekorative Nische scheinbar als Fenster gearbeitet, mit einem Pfeiler in der Mitte. Links neben dem Hochaltar sehen wir auf einer Steinplatte einen Torso des Gekreuzigten aus dem 15. Jahrhundert. Erwähnenswert ist auch neben dem neogotischen Marien-Altar an der Nordwest-Seite die Statue eines barfüßigen Mahners, der in der linken. Hand über dem Herzen eine „Jakobsmuschel“ hält. Nach Rücksprache mit Herrn Pastor Jung handelt es sich hier jedoch um die Taufmuschel Johannes des Täufers. Während der Weihnachtszeit konnten wir hier beim zweiten Besuch eine wunderschöne Landschafts-Krippe bestaunen,

welche die Kinder faszinierte. Den Stempel erhielten wir von seinem jungen polnischen Priesterkollegen Stanislas Sokoll im gegenüberliegenden Pfarrbüro und Wohnhaus der Priester. Er schenkte uns kurz vor der Jahreswende einen Kalender mit Gedanken von bedeutenden Persönlichkeiten aus aller Welt.

Paroles d`Èsperance´, Calendrier 2012

„Ou cours-tu?	*Wohin gehst du?*
Ne sais-tu pas que le ciel	*Weißt du nicht, dass der Himmel*
Est en toi?"	*in dir steckt?*

Christiane Singer

Zur linken Seite, gegenüber des normalerweise offenen Nordwesteingangs, befindet sich das Gemeindehaus, in deutschen Worten ist in Stein gemeißelt: „Katholisches Vereinshaus". Hier hatte ich die Ehre, im März 2012 zu Kaffee und Kuchen von den Gemeindemitgliedern eingeladen zu werden. Zuvor durfte ich erstmals in meinem Leben dem Sakrament der Krankensalbung während des feierlichen Gemeindegottesdienstes um 15 Uhr beiwohnen. Später erklärte mir der Priester, dass wenigstens einmal pro Jahr die Gemeinde zu einem solchen Gottesdienst zusammen komme, um sie mit dem Empfang dieses Sakramentes vertraut zu machen. In Deutschland wird es meist nur den Sterbenden verabreicht („Letzte Ölung"), oft wenn sie schon nicht mehr bei Bewusstsein sind, um vielleicht auch das Thema Krankheit und Sterben nicht zu früh ansprechen zu müssen. Hier scheint es anders zu sein und besser. Herr Jung erklärte mir, dass es nicht früh genug sein könne, hiervon Gebrauch zu machen, und sowohl Kranke, als auch Gesunde regelmäßig zu stärken. Da die zwei Geistlichen wenigstens 20 Sek. mit jedem Einzelnen der zahlreich vertretenen Gemeindemitglieder sprachen und sie diese dann mit Öl an Stirn und Händen segneten, durfte ich fast 2 Std. warten, bis der Geistliche endlich Zeit hatte, mich zur Katharinen-Kapelle zu führen. Geduld ist also eine Tugend beim Pilgern.

Die Ereignisse annehmen,
auch die kleinsten,
ohne Hintergedanken,
ohne Bedauern,
ohne Wehmut,
aber in unerschöpflichem Staunen.
Geh, geh weiter,
setz einen Fuß vor den andern,
vom Zweifel zum Glauben,
und kümmere dich nicht um das,
was unmöglich scheint.
Entzünde ein Feuer,
selbst mit den Dornen,
die dich zerreißen.

Frère Roger, Prior von Taize
Aus: Aufbruch ins Ungeahnte

Bei der Radtour im November 2011, meinem ersten Besuch in „Oberhomburg", führte der Rückweg mich am Château d´Hausen vorbei, was 1765 bis 1770 vom Baumeister Charles de Wendel errichtet wurde. Hier wohnten die Stahlfabrikanten-Familien Hansen und später Gouvy.

Zuerst versuchte ich mit dem Fahrrad einen Weg entlang der Roselle zur „Papiermühle" über die matschigen Waldwege mir zu bahnen, was jedoch abgebrochen werden musste, so dass ich die D 603 nach St. Avold nahm.

St. Avold

Der Name St. Avold wird abgeleitet vom römischen Heiligen Narbor (römischer Offizier, der als Christ unter Kaiser Diocletian den Märtyrer-Tod starb), dessen Gebeine über den Bischof (Chrodegans 765) von Metz nach St. Avold gebracht wurden, um sie in der damals neu gegründeten Benedektiner-Abtei aufzubewahren. Urkundlich wird für das Jahr 1330 hier ebenfalls ein Pilgerhospiz erwähnt. Zentraler Kirchenbau ist die ehemalige Abteikirche St. Narbor (die heutige Kirche stammt aus dem 18. Jahrhundert) mit jedoch wertvollen Stücken aus dem Mittelalter, wie z.B. einer Grablegungsszene mit Kalksteinfiguren aus dem 15. Jahrhundert, einem Steinrelief mit Szenen aus dem Leben Mariens, ebenfalls aus dem 15. Jahrhundert, und einer Kreuzigungsgruppe (Kreuz „des Porcelets") über dem rechten Seitenschiff hängend aus dem Jahr 1624.

In der Marien-Kapelle rechts neben dem Haupteingang finden wir Abbildungen der sieben Schmerzen Mariens von der Darstellung Jesu im Tempel, der Flucht aus Ägypten bis zur Kreuzigung und zur Grablege. Durch diese Kapelle gelangen wir (falls die Tür offen ist) in das angrenzende Verwaltungsgebäude der ehemaligen Abtei-Kirche, wo wir im Sekretariat den Pilgerstempel erhalten. Andernfalls müssen wir durch den Haupteingang die Kirche verlassen und nach links 30 m gehen und an der verschlossenen Tür klingeln. Auch wenn keine offiziellen Sekretariatsöffnungszeiten sind, traf ich zweimal die sehr freundliche Pfarrsekretärin an, die uns gerne den Pilgerstempel gab.

Beim 2. Besuch mit der Familie hatten wir Zeit genug, auch das „Hotel de Paris" an der Hauptkreuzung unterhalb der St. Narbor-Kirche 50 m nach links

zu besuchen. Dort wollten wir um die Mittagszeit die im hinteren Teil des Restaurants befindliche spätgotische Kapelle der Grafen von Krichingen (Comtes de Créhange) besichtigen, was uns verwehrt wurde, um die Gäste nicht zu stören. So entschlossen wir uns hier zu bleiben und das Mittagsmenü für alle zu ordern. Man servierte uns nach einem Salatteller ein sehr schmackhaftes Königinpastetchen und zum Schluss einen Nachtisch. In der dazugehörigen Konditorei konnten wir kurz vor dem 6. Januar einen Drei-Königs-Kuchen erwerben, den wir zu Hause mit Freunden teilten. Zwischen den Mahlzeiten wagten wir die als Veranstaltungs- und Kunstausstellungsraum verwendete Kapelle zu besichtigen, die insbesondere durch die mächtige gotische Mittelsäule beeindruckt. Beim Verlassen erhielten wir in der Bäckerei einen weiteren schönen Zusatzstempel und die besten Wünsche auf ein baldiges Wiedersehen.

Der Stempel der St. Nabor-Kirche ist auch im Office de Tourisme erhältlich (gut ausgeschildert); Öffnungszeiten: Mo-Fr 09.30-12.00 und 13.30-18.00, sowie Sa. 10.00-12.30 und 13.30-17.00 Uhr).

Auch die Friedhofs-Kapelle St. Croix aus dem 16. Jahrhundert mit einer Kreuzigungsgruppe und einer spätgotischen Mutter Gottes (1450) lädt zum Besuch ein.

St. Avold ist mir aus der frühen Kindheit ein fester Begriff. Mein Vater musste sich einmal pro Woche in den späten 50er Jahren morgens schon früh auf sein Fahrrad schwingen und vom Bahnhof Saarbrücken mit dem Zug dorthin fahren. Um das Familieneinkommen aufzubessern, gab er Tennisstunden (damals noch für 7,00 DM/45 Min.). Nach einem harten Arbeitstag kam er dann mit heute umgerechnet 35 Euro spätabends wieder nach Hause. Oft wissen die Kinder nicht, was ihre Eltern an Strapazen auf sich nehmen, um ihnen eine unbeschwerte Kindheit und Jugend zu ermöglichen. Schade, dass sie nicht sehen, wie sehr sich die sonst so „uncoolen und peinlichen“ Eltern für die Familie ins

Zeug legen. Während des Sonntagsgottesdienstes am 11.03.2012 gedachte ich in der Kirche St. Narbor der stillen „Heldentaten“ meines schon 1975 verstorbenen Vaters.

Alles, was ich bin,
alles, was ich mache,
hat einen Hintergrund.
Nur wer diesen kennt,
kann mich versteh`n.

LONGEVILLE-LÉS-ST. AVOLD (LUBELN)

Der 7 km entfernte Vorort von St. Avold, der ehemals Lubeln hieß, ist mit dem Fahrrad nur unschön über die 4-spurig D 603 zu erreichen. Im Sommer mag der Wanderweg durch den Forêt de Longeville sicher weniger gefährlich sein. Mit letzter Energie kam ich zu dem auf dem Berg von weitem sichtbaren ehemaligen Kloster und heutigen Seniorenheim (seit 1959). Dort stand im 7. bis 8. Jahrhundert eine Benediktiner-Abtei, für die ab 1222 urkundlich auch ein Spital belegt ist. Von außen sieht insbesondere die im rechten Winkel zum Hauptgebäude angebaute Kapelle durch die davor stehenden Zypressen und das Türmchen schon fast toskanisch aus, doch Einlass war nicht zu erreichen. So versuchte ich über das Altersheim in den Kirchenraum zu gelangen, was möglich war, ohne einer Aufsichtsperson zu begegnen. Im schlichten Innenraum fand ich eine ins Gebet vertiefte Dame, die mir später berichtete, dass erst vor einer Woche der letzte Mönch verstorben sei und ich für den Pilgerstempel zum „bureau de tourisme“ oder zu der unten im Ort befindlichen Gemeindekirche gehen solle. In der Mittagszeit (kurz vor 14 Uhr) unterbrach der freundliche Pfarrer Paul seine Mittagspause und öffnete das Pfarrhaus, um mir mit herzlichen Empfehlungen den Stempel in den Pass zu drücken.

Beim zweiten Besuch mit der Familie war Pfarrer Paul auf einer Beerdigung. Wir hatten Glück, sechs Damen des gerade tagenden Pfarrgemeinderates anzutreffen, denen ich den Standort des Stempels im Pfarrsekretariat zeigen konnte. Trotz einiger Bedenken, „sie kämen wegen dieser Amtsüberschreitung in die Hölle“ postierten sie sich schließlich sogar fröhlich zum Gruppenfoto. Es war schön zu sehen, wie wenig bürokratisch die Franzosen hier sind und auf den Hinweis „Pèlerins“ gerne den Pilgern allzeit unter die Arme greifen.

In der Zwischenzeit bewunderte der Rest der Familie im Kircheninnern die große Landschaftskrippe mit Wasserfall und selbst steuerbarer Beleuchtungsanlage.

Der Weg führt uns nun erneut hinauf über die Lubelner Steige und dann ins Tal des Fielbachs, vorbei an Bambiderstroff, wo man an der Sebastianskapelle ein Steinkreuz antrifft mit einem Jakobspilgerer im Sockel und den Pestheiligen Rochus und Sebastian darunter. Auch die Kapelle lohnt einen Besuch. Über die Täler der deutschen und französischen Nied ging es nun nach Courcelles-Chaussy.

Courcelles-Chaussy

Der letzte Etappenort auf dem Weg nach Metz (noch 28 km) wurde nach dem deutsch-französischen Krieg 1870/71 erst berühmt, als dem neugeschaffenen deutschen Reich neben Elsass auch ein Teil Lothringens (das heutige Departement Moselle mit Metz als Hauptstadt) zugeschlagen wurde. Man benötigte in der Nähe der westlichsten Großstadt des Kaiserreiches (Metz) ein Zeichen, dass der deutsche Kaiser auch an diesem von Berlin fast 1000 km entfernten Ort noch präsent ist, so dass man das Schloss Urville als Sommerresidenz des

Kaisers am Ortsausgang erwarb. 1560 wurde es von den Herren von Raville (Nachbarort östlich von Courcelles-Chaussy) erbaut und für Kaiser Wilhelm II am Ende des 19. Jahrhunderts zum Jagdschloss umgebaut. 1945 erwarb der französische Staat es, so dass heute darin die Verwaltung einer Landwirtschaftschule untergebracht ist. Die Zufahrt ist nicht möglich, trotzdem gelang es mir als Fußgänger nach Rücksprache mit dem Pförtner, die Erlaubnis zu bekommen und die Anlage zu besichtigen. (Warnung am Eingangstor, dass das Betreten strengstens verboten sei und Video überwacht werde).

Da die ehemalige protestantische Kirche bereits vor über hundert Jahren verfallen war, ließ Kaiser Wilhelm II durch den Architekten Paul Tornow (preußischer Generalbaumeister) zwischen 1893 und 95 die neugotische Hugenottenkirche (Temple Protestant) erbauen. Nach telefonischer Rücksprache mit Herrn Lothar Birk (06838/6998), der vor wenigen Jahren die Kaiserloge und den kaiserlichen Umkleideraum daneben mit Kacheln von V&B verziert hat, erhielt ich die Information, dass ein Schlüssel zur Besichtigung des Temples im Bürgermeisteramt (Mairie) liege, den man freundlich ausleihen würde, wenn man sich auf ihn berufe. Dies hatte leider nicht geklappt, da mir von dort erklärt wurde, dass der Schlüssel im „Syndicat d'Initiative" liege, was jedoch bei vier

Besuchen verschlossen war, ohne dass Öffnungszeiten in Erfahrung zu bringen waren. Ich ging daraufhin zurück zum Bürgermeisteramt und blieb hartnäckig bei der Behauptung, es gäbe hier einen Schlüssel, den man mir bitte ausleihen möge. Drei Sachbearbeiter versuchten, mich an den dort nicht mehr wohnenden Pastor, der höchstens einmal pro Jahr noch eine Messe liest, zu verweisen (0665425051), oder erneut an das „Syndicat d'Initiative" (0387641343), um für Gruppenführungen einen Termin zu vereinbaren, bis ich darauf bestand, mit den Bürgermeister persönlich zu sprechen. Dieser war jedoch an diesem Nachmittag nicht da. Von den langen Diskussionen und dem Namen Birk angezogen, kam nun Herr Champlon (der Stellvertreter des Bürgermeisters) in den Raum und ging schweigend zum Schlüsselkasten, entnahm diesem einen sicher über 100 Jahre alten Schlüsselbund, zog sich sein Jackett über und meinte dann auf Deutsch zu mir, ich sollte mit nach nebenan kommen, damit er mir die Kirche aufschließe. Dort erhielt ich über 30 Min. in einem sehr freundlichen Gespräch Informationen über die Geschichte, aber auch die aktuelle Situation des Tempels. Die typische protestantische Kirche ist innen schlicht gehalten, doch beim Eintreten war ich überrascht, das helle Gebäude mit dem gelben Sandsteinmauern und den würdevollen dunklen Holzeinrichtungen zu sehen. Links vom Altar gesehen befindet sich die Kaiserloge, in einem Seitenflügel gegenüber der Sakristei. Ein Schmuckstück ist die Holzkanzel und der dazu passende Holzaltar. Auch die Empore ist eine Holzkonstruktion und führt auf drei Seiten um das Kirchenschiff herum, gekrönt von der Orgel über dem Haupteingang. In der Mitte wurde erst vor wenigen Jahren ein großer goldener Lüster renoviert und gäbe dem Gotteshaus, wenn nicht Kanzel und Altar vorhanden wäre, den Eindruck eines Theaters. Sehr dekorativ bringen die großen Rosetten an den Querseiten des Tempels viel Licht in das Gotteshaus. Erst bei näherem Hinsehen fallen Schwalbennester an den Türen und teilweise marode Holzbalken auf. Herr Champlon berichtet, dass etwa 500.000 Euro nötig wären, um den Dachstuhl, aber auch wichtige Teile der Kirche zu restaurieren und sie auch weiterhin zu erhalten. Der Ort könne jedoch diese Finanzmittel nicht auftreiben, da die Bevölkerung für den gleichen Preis lieber eine Tennishalle mit zwei Plätzen erstellen würde, zumal dort die Nutzung deutlich höher sei.

Beim ersten Besuch an einem Samstagnachmittag im Dezember 2011 hatte ich viel Glück, als ich kurz vor dem Ziel (ich wollte mit dem Fahrrad am späten Nachmittag noch Metz erreichen), nach enttäuschtem Rütteln an allen Türen Frau Peggy Rasquin traf. Sie war gerade wegen einer Hochzeit gekommen und bat mich herzlich einzutreten, um neben dem offiziellen Pilgerstempel (tampon pour crédencial) auch das sehr schöne Siegel des Bürgermeisters in meinen Ausweis zu drucken.

Auf dem Weg nach Metz sollte man zum Schluss nicht versäumen, auch das schöne Schloss Pange mit großem Park im gleichnamigen Nachbarort zu besuchen. Am 17. Februar 2012 waren wir mit der Familie dort und konnten es von außen nur schwer einsehen, das schwere Eisentor blieb verschlossen, geöffnet nur zwischen Mai und Oktober). Etwa ca. 400 m weit entfernt sahen wir die Schlossherrin auf uns zukommen. Sie öffnete das Tor, welches nur durch einen einfachen Riegel gesichert war, und erklärte uns, dass sie leider keine Zeit habe, uns heute hineinzulassen. Sie setzte sich ins Auto und fuhr davon. Wenig später erprobte ich den einfachen Mechanismus und siehe da, das schwere Tor öffnete sich…..

Später erfuhren wir, dass das Schloss 1720 erbaut wurde und sich noch in Privatbesitz befindet.

Ein Mann der Tat bist du
Auf dich ist Verlass.
Keine Diplomatie, Gewissen dein Kompass.

Freiheit und Wahrheit zählen bei dir,
keine Schönrederei, Gefälligkeit,
Nicht zum mainstream bereit.

Deine Ausdauer so zäh, dein Wille so stark,
Nichts gibst du auf,
Was deine Kraft noch vermag.

Großzügig dein Geben,
Nicht mit Berechnung verbunden.
Neugierig dein Streben, die Welt zu erkunden.

Du liebst die Natur und manchmal die Einsamkeit,
Die Menschen und ihre Geschichten.
Auf vielen Komfort kannst du verzichten.

Du setzt Zeichen, Erinnerungsschätze mitten ins Herz.
Wie Propheten manchmal verkannt und belächelt,
Erträgst du auch tapfer diesen Schmerz

Das beeindruckt mich hundertmal mehr
Als jeder Titel, jedes Gesellschaftsetikett.
Was zählt ist Charakter und nicht einfach nur „nett“.

Was zählt ist: Was hast du gegeben?
Aus deinem Leben gemacht? Bist du für andere Segen?
Was hast du mit Liebe bedacht...

Ehre sei Gott in der Hohe
Gloire soit à Dieu au plus haut des

Metz

Am 10.12.2011 erreichte ich gegen 17.00 Uhr an einem eiskalten Wintertag die Kathedrale St. Etienne, um erwartungsfreudig am Verkaufskiosk in der Kirche den letzten Stempel des Jakobsweges zwischen Hornbach und Metz zu erhalten. Freudig hielt ich der eher verdutzt dreinschauenden Dame meinen Pass hin und hoffte, dass sie ihn stolz in die Kamera halten würde. Der gelangweilte Blick dieser Dame entsprach jedoch nicht meinem inneren Zustand, ich war stolz und hätte die 123 m lange Kathedrale umarmen können. Es war vergleichbar mit der Zielankunft beim Marathon in Boston oder in New York. Dann blieb mir jedoch noch etwas Zeit, die von 1220 bis 1520 erbaute und mit 42 m Höhe zu den größten Kirchen Frankreichs zählende gotische Kathedrale zu besichtigen. Bei vorhergehenden Besuchen hatte ich mir bereits die Glasfenster, insbesondere die von Chagall angesehen, so blieb nun Zeit, Neues zu entdecken. Am Hauptportal an der Westseite konnte ich als dritte Skulptur von links Jakobus mit Muschel und Wandertasche erkennen und dem Schwert als Zeichen seines Todes als Märtyrer. Eine weitere Darstellung fand ich unter der großen Rosette der Westfassade,

wo Jakobus als dritte Figur von rechts im Glasfenster auszumachen war. Die Krypta und den Kirchenschatz hatte ich bislang noch nicht besichtigt, so dass ich mich auf die Spuren der Legende um den Drachen Graoully machte. Er war der legendäre Drache, der zu heidnischen Zeiten im Metzer Amphitheater mit seiner Brut hauste und die Menschen vergiftete. Als der heilige Clemens aus Rom kam, um das Volk von Metz zu bewegen, den alten Göttern abzuschwören, brauchte er ein eindrucksvolles Wunder, so dass er beim Anblick der Schlange sich bekreuzigte und sie damit besänftigte. Er band sie an seine Stola und führte sie und die gesamte Schlangenschar zum Ufer der Seille und befahl ihnen das Weite zu suchen. Von diesem Tag an waren die Reptilien verschwunden und die Bewohner von Metz ließen sich taufen. Diese Geschichte mag auch Karl den Großen fasziniert haben, so dass er einen karolingischen Altar (9.

Jahrhundert) stiftete, über dem eine ähnlich alte Kreuzigungsszene zu bewundern ist. Auch die Statue eines Jakobpilgers finden wir in der Krypta und ein Baptisterium aus dem 11. Jahrhundert, eine Darstellung der Jungfrau Maria aus dem 15. Jahrhundert sowie eine in Stein gearbeitete Grablege (vergleichbar der in der Kirche in St. Avold aus dem 16. Jahrhundert).

Beim Besuch der Sakristei und des Kirchenschatzes kann der Ring des Heiligen Arnulf (Bischof von Metz zwischen 614 und 629) aus massivem Gold besichtigt werden. Er soll diesen Ring wie einst Polykrates in den Eingeweiden eines Fisches gefunden habe. Auch ein emaillierter Reliquienschrein des Heiligen Chrotegansus kann bewundert werden. Von den zahlreichen Bischofsstäben hat mich am meisten der mit dem Drachen beeindruckt, der an den Heiligen Bischof Clemens erinnert.

Nur etwa 300 m von der Kathedrale entfernt fand auf dem „Place St. Jacques“ ein russischer Weihnachtsmarkt statt, auf dem ich einige außergewöhnliche Mitbringsel für die Familie erstehen konnte. Ehemals stand hier ein Kloster und Pilgerhospiz und der Platz diente den Jakobspilgern als Treffpunkt. Von dort ging es durch das Centre St. Jacques (einem Einkaufzentrum mit vielen interessanten Geschäften) zum altehrwürdigen Place St. Louis. Für die komplette Durchquerung der Innenstadt blieb leider keine Zeit mehr, zumal dieses bereits ein halbes Jahr vorher im Zusammenhang mit dem Besuch des Centre Pompidou von der ganzen Familie schon bewältigt wurde.

Am 17.02.2012 gelang es auch den übrigen vier Familienmitgliedern (außer unserem ältesten Sohn David, der noch am pilgern ist), das Nahpilgerziel Metz zu erreichen. Vorher feierten wir im nur wenig unterhalb in Sichtweite der Kathedrale gelegenen, sehr zu empfehlenden Restaurant L'Angélus, bei einem Menü das erneute Eintreffen in der Mirabellenstadt, ohne dass wir einen Angeluswein für über 300 Euro orderten. Ein Kir war im Menü eingeschlossen und reichte dazu, die schöne Atmosphäre noch entspannter werden zu lassen. Danach schritten wir freudig zur „Laterne Gottes", wie die Kathedrale zu Metz wegen ihrer großen Fensterfront auch genannt wird, und konnten uns abschließend mit kompletten Pilgerstempelpass stolz fotografieren lassen.

Bei einem abschließenden dritten Besuch durfte ich das Musée de la Cour d'Or mit einigen Exponaten zum Jakobkult und das 1206 errichtete deutsche Tor besichtigen, was die östliche Stadtmauerverteidigungslinie an der Seille heute noch markiert.

Kath. Pfarramt
Forbach
en Lorraine
SarreGuemines
HOMBOURG
Via Regia
METZ

Jakobsweg

Alte Reichstraßen, Kulturstraßen, Pilgerwege:
Eine geistige Schnur
verbunden durch Ortschaften, Brücken, Kirchen und Klöster.
Den Blick auf die Landschaft,
den Boden unter meinen Füßen,
die Stille des Raumes, die Botschaft des Steins
teile ich mit den Menschen Jahrhunderte vor meiner Zeit.
Ihr Menschsein geprägt von Leiden und Glück,
Erfolgen und Niederlagen, Zweifeln und Glauben
ist meinem Menschsein im Innersten verwandt.
Gespürte Verbindung mit jedem Schritt.
Grenzen haben sich verschoben, Sprachen durchmischt
in all dieser Zeit. Vieles ging verloren,
doch es zählt, was bleibt.
Und das was bleibt, es will uns berühren, verwandeln,
damit wir wandernd unser Leben begreifen.
Aufbruch zum Anderen, zur Hoffnung
jenseits der Zeit.

Fast ein bisschen wehmütig stimmt es uns, dass mit Metz diese unsere gemeinsame Pilgerstrecke beendet ist.

Es stimmt, der Weg ist das Ziel. Der Weg selbst bringt so viel Unerwartetes, Lehrreiches und Schönes. Ankommen heißt danken für diesen Weg, das wir ihn gemeinsam erleben durften..

Notre Père qui es aux cieux
que ton nom soit sanctifié,
que ton règne vienne,
que ta volonté soit faite
sur la terre comme au ciel.
Donne-nous aujourd'hui notre pain de ce jour.
Pardonne-nous nos offenses,
comme nous pardonnons aussi
à ceux qui nous ont offensés.
Et ne nous soumets pas à la tentation,
mais délivre-nous du Mal.
Car c'est à toi qu'appartiennent, le règne, la puissance
et la gloire
dans tous les siècles,

Amen!

Rückblick und Dank

Wir sind nicht die typischen Pilger. Vielmehr haben wir uns begeistern lassen von einer Idee, die in so hervorragender Weise im Saarland herausgearbeitet wurde. Herrn Peter Lupp gilt dabei unser besonderer Dank. Seine Handschrift auf dem saarländischen Pilgerweg ist nicht zu übersehen. Wir sind froh, ihn auch persönlich kennen gelernt zu haben.

In unserer Begeisterung haben wir versucht, die Menschen einzubinden, die uns nahe stehen. Was wir an einzelnen Punkten, Kristallisationspunkten wie ich sie nenne, erfahren haben, sind Metapher für das Leben. Diese Gedanken festzuhalten, war uns ein Bedürfnis. Ohne die fleißige Unterstützung unserer Praxismitarbeiterinnen hätten wir die Verschriftung nicht geschafft. Für die engagierte und verlässliche Zusammenarbeit gilt unser besonderer Dank. In den Gesprächen mit unserem Verleger, Herrn Rudolf Wolff, ist etwas Besonderes entstanden. Er hat uns ermutigt, unsere Erfahrungen auf diese Weise festzuhalten. Wir schätzen seine fachliche Kompetenz und sein menschliches Gespür.

Unsere Überzeugung ist, dass auch jeder kleine Abschnitt, jede Teilstrecke, jeder Schritt sich im Leben lohnt. Wir dürfen uns nicht von den großen Zielen abschrecken lassen. Erkenntnisse zu gewinnen ist keine Fleißarbeit, sie geschieht: „Sudden-gains plötzlicher Gewinn" auch in der Therapie eine Wirklichkeit.
Wir möchten den Leser motivieren, sich auf den Weg zu machen, um die Kultur und die Landschaft, die seine Identität geprägt hat, kennen zu lernen. Jeder einzelne Schritt ist es wert.

Vom Gestern lernen,
heute leben, auf ein Morgen hoffen
und vor allem
nie mit den Fragen aufhören.

Albert Einstein

Dieser Weg war ein kleiner Schritt für uns (beide Wege etwa 200 km), nicht zu vergleichen mit dem, was man auf der 2000 km weiten Reise nach Santiago de Compostella wohl erlebt.

Aber uns hat er sehr vieles gezeigt, es war eine intensive, in jeder Hinsicht wertvolle Erfahrung und sie konnte sozusagen vor der Haustür gemacht werden.

Wir wünschen allen Pilgern viele persönliche Begegnungen, tiefe Eindrücke und Gottes Segen auf den Spuren des heiligen Jakobus.